AF341202

Les prisons familiales

Éditions Eyrolles
61, bd Saint-Germain
75240 Paris Cedex 05
www.editions-eyrolles.com

Avec la collaboration d'Alice Breuil

© Éditions Eyrolles, 2019
ISBN : 978-2-212-57204-9

Anne-Laure Buffet

Les prisons familiales

Se libérer et guérir des violences invisibles

● **Éditions**
EYROLLES

À ceux qui partagent avec moi leurs interrogations,
aux enfants qui aspirent à grandir,
aux adultes qui rêvent d'être de nouveau enfant.

A.-L. Buffet

Table des matières

DEUXIÈME PARTIE

Prisonniers familiaux

TROISIÈME PARTIE
De l'évasion à la liberté

Introduction

On se plaint parfois d'être harcelé parce qu'on a reçu deux messages dans la journée ; on se dit victime de violence psychologique à la première insulte ; on accuse son conjoint ou sa compagne de maltraitance au moindre désaccord dans le couple… Par manque de connaissance ou de recul, par besoin de reconnaissance ou de compassion, par conformisme ou souci de normalisation, on utilise des termes inappropriés pour décrire des situations qui ne sont ni violentes ni constitutives de harcèlement. Les amalgames sont fréquents et les confusions trop nombreuses. L'utilisation d'un mot à la place d'un autre fausse le jugement et le ressenti, et banalise dangereusement cette violence invisible.

Les réseaux sociaux favorisent cet usage abusif, menant parfois à une concurrence malsaine entre les internautes. Plutôt que de s'interroger sur nos propres failles ou fragilités et d'oser se confronter à nos blessures et nos erreurs, il devient facile de faire porter par l'« autre » toute la responsabilité d'une situation que nous n'arrivons pas ou refusons de prendre en charge. La médiatisation à outrance du terme « pervers narcissique » – aujourd'hui nommé communément « PN » et même « mon PN » par besoin d'appropriation – témoigne de ces abus de langage.

La réalité de la violence psychologique est tout autre. D'une part, parce que cette violence est si difficile à comprendre et à ressentir, parce que ses effets sont si insidieux et ses conséquences si dévastatrices, qu'une victime ne s'identifie pas à ce qu'elle peut entendre ou lire, ou seulement après de nombreuses hésitations. D'autre part, la victime d'une telle violence n'arrive pas à le dire. Retenue par la culpabilité ou la honte, elle se tait et tente de se protéger tout autant qu'elle cherche à protéger l'auteur des violences ; elle sait qu'en dénonçant elle s'expose à la colère de son agresseur et à l'incompréhension des tiers. Elle reste silencieuse et, lorsqu'elle cherche de l'aide, elle le fait en catimini, redoutant d'être découverte et dénoncée.

S'il est possible de porter plainte et d'agir en justice, si certaines victimes se voient reconnues comme telles et que leurs droits sont défendus, une très mauvaise presse est faite aux tribunaux, aux avocats et aux magistrats, aux officiers de police judiciaire, aux divers intervenants. Aussi, une victime de violence hésite longtemps à agir et, même en agissant, elle se retient de tout dire par peur de ne pas être crue, d'être la proie de moqueries, d'être mal jugée ou discréditée. Sa crainte d'être injuste et de rompre définitivement un lien affectif fondamental la retient encore silencieuse.

En outre, les conséquences psychiques et physiques de la violence psychologique sont bien plus sournoises et dévastatrices qu'il n'y paraît. Être victime ne signifie pas simplement avoir peur de dire non, avoir le sentiment de manquer de confiance en soi ou exprimer la crainte du conflit. Il ne s'agit pas non plus de se déclarer « dépendant(e) affectif(ve) » parce qu'il est difficile de rompre ou de partir. La violence psychologique est une effraction psychique et émotionnelle. Elle provoque un éclatement de la personnalité, elle conduit à l'impossibilité de se sentir agir, de penser, d'être, et elle laisse s'installer l'angoisse permanente d'être jugé et condamné, rejeté et abandonné, disqualifié comme être humain. La personne victime semble continuer à vivre normalement et ne laisse pas entrevoir ce qu'elle subit : elle s'est construit implicitement une armure, un masque qui la protège du regard extérieur, convaincue d'être fautive et de provoquer ce qu'elle endure. Elle n'ose pas utiliser le mot « violence » ni le mot « victime ». En outre, elle peut développer des réactions et comportements agressifs, inhabituels, disproportionnés face aux événements ; il lui est alors reproché d'avoir mauvais caractère ou, pire encore, d'avoir une pathologie qu'elle se refuse à soigner. Mais la cause réelle est ignorée et l'auteur des violences demeure en capacité de nuire puisqu'il n'est pas mis en cause.

La violence psychologique instaure un climat familial ou conjugal délétère, et c'est parce qu'elle repose sur ce climat qu'elle est invisible. La différence entre la violence psychologique et la violence physique est comparable à la différence entre le thriller et le film d'horreur. Dans le film d'horreur, l'acte est clair, le sang apparent, la peur se rattache à un élément évident et concret. C'est la violence physique, ses coups, ses blessures, ses traces. Dans le thriller, tout réside dans la lumière, la musique, la suggestion. L'angoisse est permanente et croissante mais rien n'est tangible. Les personnages en danger ou soumis à une oppression restent sans réaction et les spectateurs ressentent leur angoisse, tout en sachant que « ce n'est qu'un film»; pourtant leur souffle est retenu par ce qu'il pourrait se passer et qui n'est jamais certain. La victime de violence psychologique ressent la même chose : tout lui est suggéré mais rien n'est clairement formulé. Elle perçoit les tensions et les risques qui ne sont jamais évidents et elle ne peut ni les décrire ni les contrer; le drame n'intervient jamais à l'instant prévu même s'il paraît anticipé. La victime est en survie, a le souffle court et subit un stress permanent.

Je définis la violence psychologique comme un ensemble de comportements, de paroles et d'actes visant exclusivement à satisfaire un être aux dépens d'un autre et pouvant mener à la destruction psychique et physique de la victime sans que personne ne puisse en témoigner. La mise en œuvre de cette violence se fait selon un rythme bien précis et avec des composantes bien particulières. On parle généralement de «victime» et de «bourreau». On exprime déjà une idée : la victime est féminine, le bourreau est masculin. Or la victime est aussi asexuée que celui ou celle qui la détruit. La victime n'a pas d'âge. Il ne s'agit ni d'intelligence, ni d'argent, ni de diplômes, ni de culture. Une nuance doit être apportée : l'auteur de violence psychologique peut être aussi bien un homme qu'une femme. Cependant les femmes en sont davantage victimes, parce que la société s'est construite sur de mauvais équilibres attribuant plus de pouvoir économique, social et juridique à l'homme, parce que l'on accorde encore trop souvent aux hommes le droit à des comportements égoïstes ou narcissiques là où l'on impose douceur et compréhension, voire silence, aux femmes. Parce que l'égalité des droits et des chances est bien loin d'être atteinte et que nombreux sont ceux qui redoutent de voir s'effriter leurs privilèges. Prenant source et appui sur la fragilité[1] d'un individu, la violence psychologique peut faire de toute personne une victime. Nous ne sommes ou ne serons pas tous victimes de violences psychologiques ; *a contrario*, il est prétentieux et illusoire de ne pas se sentir concerné et d'être convaincu de ne pas l'être un jour ou l'autre.

Heureusement, la violence psychologique n'est pas inéluctable. Si elle s'installe et prend possession d'une personne, elle peut aussi être enrayée et stoppée. La victime s'autorise alors à reprendre le contrôle de ce qu'elle vit, de qui elle est, et elle redevient autonome et responsable. Cette démarche est longue et nécessite bien des efforts et des renoncements. La victime partira à la rencontre d'elle-même, une inconnue, oubliée ou ignorée tant que la violence était présente. Elle se confrontera à ses compétences, ses réussites et ses manques, ses besoins et ses désirs, ses attentes et ses refus.

Et si les blessures laissent des cicatrices, elles permettent aussi de se sentir en vie et de vivre autrement, jusqu'à pouvoir vivre pleinement.

---

1. La fragilité est à distinguer de la faiblesse. La faiblesse accepte la contrainte, ressentie positivement, comme une protection. La fragilité souligne un manque sans danger pour l'individu si celui-ci a construit son estime de soi en reconnaissant cette fragilité.

Un schéma emprisonnant

Des bourreaux invisibles

Couple, famille, amitié, lien professionnel, lien social (sportif, associatif, etc.)… tout système créant une interaction entre deux ou plusieurs personnes peut être contaminé par la violence psychologique. Bien que les composantes et les résultantes de cette forme de violence sournoise et invisible s'observent dans de nombreux contextes, ce livre porte essentiellement sur la violence psychologique intrafamiliale et conjugale.

Une structure désorganisée

Dès lors que s'exerce au sein de la famille ou du couple une violence, la structure se désorganise et ses fondamentaux sont mis à mal. Les rapports générationnels se modifient, les notions de protection et de sécurité n'y ont plus de place. Un exercice de pouvoir et de contrôle s'installe, sans bienveillance, de manière unilatérale, intéressée et coercitive. Cette désorganisation vient souvent d'un seul membre. Elle peut se transmettre ou encore apparaître en écho à une fracture (sociale, professionnelle, etc.) importante, modifiant radicalement le fonctionnement initial de ce système relationnel très particulier. Celui ou celle qui vit cette fracture, incapable de supporter cette épreuve, reporte la charge de son impuissance sur son conjoint ou sa famille, les rendant coupables de ses propres incapacités. La charge affective est toujours très forte et s'impose, interdisant toute compréhension, toute rationalisation, mais également toute expression émotionnelle proportionnée et adaptée. La famille n'est plus un espace intime et rassurant, mais un enfermement, une prison tenant au secret ce qui s'y déroule. La cellule familiale n'est plus un cocon mais une geôle. Il n'est dès lors possible ni de contredire ni de contrecarrer ce qui se joue entre les membres de cette famille.

Monique raconte : « Dès qu'il était à la maison, il me surveillait. Il épiait. Il se mettait sur le canapé avec un journal. Je savais qu'il ne le lisait pas… Il ne tournait pas les pages. Il contrôlait tout. Il savait tout de mes déplacements, il connaissait chacune de mes habitudes, chacun de mes gestes, le sens de mes soupirs et de mes silences. J'ai appris à tout faire sans faire de bruit. Mes enfants aussi. Nous faisions en sorte de disparaître de son champ de vision. Ça n'évitait pas les questions. Mais ça évitait les sons. Aujourd'hui le bruit me fait peur. Une porte, des pas sur le parquet, ce qui semble léger mais qui vous suit… ça me fait peur. S'il était encore là, il me demanderait pourquoi je fais ci ou ça. Je ne serais pas libre. Cette peur, je n'arrive pas encore à m'en défaire. »

La violence psychologique, bien qu'invisible, est une entité à part entière. La structure désorganisée offre paradoxalement une protection à ses membres. La violence devient le pilier de ce système dysfonctionnel et sa suppression risque de bouleverser le fonctionnement familial, le rôle et la place de chacun. Mettre un terme à la violence ferait exploser cette structure, obligerait à accepter des changements individuels et collectifs radicaux, à remettre en cause le lien affectif défaillant et toxique. Maintenir le système tel quel permet à chacun de conserver sa croyance en un amour conjugal ou familial. Toute croyance, positive ou négative, installe ou développe des fonctionnements ; et lorsque le système est préalablement vicié, les fonctionnements qui se mettent en place sont contraires à l'intérêt de ceux qui les vivent. L'interaction est très forte entre chaque membre de la famille, et les sentiments d'amour et de haine se confondent ou sont utilisés pour perturber les liens.

Écoutons Pierre parler de la relation avec son père : « Il a tapé du poing sur la table lorsque je lui ai dit que je voulais être cuisinier. C'était impossible ! Ce n'était pas à ma hauteur ! Je valais bien mieux que ça. Je devais viser plus haut, me dépasser et me confronter à la réalité, au monde, aux difficultés économiques, aux lois du marché, aux risques du chômage. Je devais réfléchir. Mon choix serait une condamnation si je voulais réellement faire ce type "d'études", comme il disait, un rictus au coin des lèvres. Et je lui faisais affront, je rejetais tout ce qu'il était. Lui disait m'aimer : "Je suis un parent aimant, moi ! Aimant ! C'est pour ça que je te dis que tu fais des erreurs, que tu ne sais pas, que tu rêves mais tu vas te planter !" J'ai renoncé à la cuisine. J'ai préparé des concours. J'avais peur de le perdre. J'avais peur de le décevoir. Moi, je ne comptais pas. Seule comptait l'idée obsédante que je pourrais le peiner et le décevoir. Il voulait que je fasse une grande école. J'ai passé les diplômes qu'il exigeait. Je n'ai pas trouvé de travail. Je cherchais un emploi pour lui plaire, c'était ma seule motivation. Mais j'ai repris sans rien dire une formation de cuisinier. Aujourd'hui je suis second de cuisine. J'aime mon travail. Je suis apprécié par mon chef, reconnu par mes collègues. Mais je n'ai plus de père. »

Dans ces systèmes où les relations sont dégradées et faussées, la violence psychologique s'installe par une prise de pouvoir et de contrôle conduisant au dénigrement et à la perte d'estime et de confiance en soi, mêlés à la volonté de créer ou de restaurer un climat d'apaisement et d'amour. Ce besoin d'apaisement recherché par la victime la rassure ; elle espère retrouver un lien affectif valorisant et cherche inconsciemment à conserver le contrôle de la relation, contrôle reposant sur un pouvoir magique qu'elle attribue à l'amour, et respectant ainsi cette dangereuse croyance selon laquelle l'amour serait plus fort que tout. Cette violence psychologique repose sur un abus caractérisé par le comportement agressif, directif et parfois destructeur d'un ou plusieurs membres de la famille à l'encontre des autres membres et peut provoquer un traumatisme psychologique (anxiété, dépression chronique, troubles du comportement avec comorbidité…). À son stade ultime, elle devient emprise.

Sous emprise, plus rien n'est tangible, compréhensible, et tout est inversé. Ce qui est fait dans le but d'annihiler est présenté comme de l'amour, l'injure n'est pas entendue, le mépris devient une punition méritée, la menace ou le chantage sont perçus comme des paroles motivantes car chargées en considération. Au lieu de penser : « Il cherche à me détruire », la victime se répète : « Il fait tout ça pour moi, et je suis incapable de le satisfaire et d'en bénéficier. » Elle est redevable et honteuse de ne pas savoir le montrer. S'il peut y avoir violence psychologique sans emprise, il n'y aura jamais emprise sans violence psychologique. Sans emprise, la victime ressent la violence même si elle demeure indicible. Sous emprise, la victime ne ressent rien, même plus sa souffrance et sa peur.

La famille

La famille est en principe l'élément fondateur de chaque individu : tout au long de sa vie, il y trouvera assurance, affection, reconnaissance, valorisation, confort. Il y a sa place et cette place est respectée avec bienveillance. Il peut alors s'y épanouir comme il peut s'épanouir à l'extérieur de la famille. Celle-ci est nécessaire car elle propose des racines et des valeurs que chacun peut, en devenant adulte, accepter, répéter ou écarter si elles ne lui conviennent pas ou plus.

La famille est pourtant le cadre idéal à la violence psychologique. En effet, au nom des traditions et de la loyauté familiales, de croyances transmises et de principes éducatifs, l'impossibilité de remettre en cause ce qui se joue et l'incompréhension ou l'aveuglement de l'entourage peuvent s'installer, favorisant le lit de cette violence. Ainsi, que ce soit au sein du couple, entre les parents et les enfants, ou dans la famille au sens élargi, ce qui se met en place est souvent considéré comme normal – ce qui permet de ne pas intervenir ni de prendre parti. L'image d'Épinal de la sacro-sainte famille prédomine encore, empêchant de penser et de croire qu'elle puisse non seulement manquer de protection et d'affection, mais plus encore être le nid de drames psychiques destructeurs, parfois sur plusieurs générations. Et plus le silence et le secret existent au cœur de cette étrange bulle toxique, plus on peut apparenter ces mécanismes manipulateurs à ceux d'une secte.

Secte et emprise familiale : des ressorts communs

Les mécanismes de l'emprise observés au sein des sectes ou des familles dysfonctionnelles sont similaires :

- discours répétitif d'un « gourou », en apparence rassurant mais ayant pour but de prendre le pouvoir ;
- valorisation des victimes avant de les discréditer et les disqualifier ;
- dévotion des membres pour le « gourou » ; croyance en sa bienveillance et sa protection qui le rendent indispensable à chaque victime ;
- opinion personnelle interdite : les comportements de chaque membre doivent être en conformité avec ce qui est exigé, sans laisser la moindre liberté d'action et de pensée ;
- contrôle de tout besoin et tout désir des membres ;
- isolement et rupture géographique, familiale et sociale, sous prétexte d'un danger non explicite ;
- persuasion, fausses vérités, chantage et menace du rejet, création de peurs irrationnelles chez les membres, développant un sentiment de paranoïa ;
- perte identitaire et sujétion des membres au gourou.

Comme dans le Village de la série *Le Prisonnier*[1], tout va bien en apparence, le décor est idyllique et chacun connaît son rôle, l'accepte et ne le remet jamais en cause. Dans le cas contraire, il est chassé, rattrapé, enfermé et condamné.

---

1. *Le Prisonnier* est une série télévisée britannique (1967). Elle utilise les ressorts de l'espionnage, de l'allégorie, du drame psychologique et de la science-fiction. Le personnage principal se retrouve dans ce Village après avoir été anesthésié. Il refuse de n'être, comme les autres habitants, qu'un numéro et se déclare libre envers et contre tout, et quel que soit le prix à payer.

Qui sont les victimes ? Des personnes « naturellement » en position d'infériorité (âge, système familial, lien générationnel, handicap physique ou mental, fragilité émotionnelle, dépendance économique et matérielle) ou qui se retrouvent dans cette position car exposées à un danger, une menace. Sans oublier celles qui constituent elles-mêmes et à leur corps défendant une menace pour l'un des membres de la famille, parce que possédant des qualités ou des compétences individuelles et sociales dont l'auteur de violence est dépourvu, qu'il envie et jalouse au point de chercher parfois à détruire sa victime.

> Alexia a ainsi subi la jalousie de son mari : « Il disait aimer mes rires, ma joie de vivre, mais il me reprochait de recevoir, de voir des amis, de prendre le bon côté des choses. Il refusait tout dialogue, s'enfermait dans la chambre quand mes amis venaient, prétextant de la fatigue ou des soucis de travail. Ensuite, il sous-entendait que j'étais trop légère, inconsciente, que je ne lui prêtais aucune attention. Le pire, c'est que ce n'était jamais un vrai reproche ; il répétait toujours : "Tu en fais trop, chouchou, laisse de la place aux autres." Il m'a convaincue que j'empêchais tout le monde d'exister et que je volais l'espace pour être au centre. J'ai fini par ne plus recevoir personne. Il m'a alors laissée penser que c'était de ma faute, que je n'étais pas si drôle que ça, que je lassais tout le monde et que je finirais seule. »

Le déséquilibre se concrétise dans un rapport de force intangible et indicible. Cette profonde asymétrie permet de distinguer le conflit conjugal ou familial de la violence psychologique. Dans le conflit, les forces qui s'opposent sont équivalentes, elles se respectent même si elles n'arrivent pas à s'entendre, elles recherchent chacune l'écoute de l'autre partie. Le désir est de convaincre, et non de dominer. L'émotion qui prédomine est la colère. En revanche, l'auteur de violence psychologique n'a aucun respect pour sa victime mais ne cesse d'en exiger, et deux émotions s'affrontent : la colère souvent froide (et nourrie d'orgueil) face à la peur silencieuse (s'exprimant de manière désordonnée). Il ne peut y avoir violence psychologique sans cette interaction négative.

Si celui ou celle qui détient une figure d'autorité l'impose de manière coercitive et sans attention aux besoins ou aux questionnements de son interlocuteur, la violence prend place dans la relation. Dans un système familial dysfonctionnel, l'enfant se retrouve naturellement soumis. Cette posture d'autorité peut également s'exercer sur le conjoint qui se retrouve infantilisé et interdit de se comporter en adulte. À l'inverse, si l'équilibre des générations a été rompu ou jamais installé, l'enfant peut devoir adopter malgré lui une figure d'autorité laissant penser qu'il est dominateur et possiblement violent.

Thomas n'a que 20 ans mais il est épuisé par sa vie : « Je n'ai jamais passé de bons moments avec mes parents. Ils se disputent sans cesse, me demandent de prendre parti, de juger et de décider pour eux. Je dois intervenir tout le temps, je ne suis jamais tranquille. Ils sont comme des enfants, ils me poursuivent dans la chambre, dans la salle de bains, m'appellent chacun plusieurs fois dès que je sors. Ils sont incapables de faire quoi que ce soit sans moi, et si je ne réponds pas présent tout de suite, ils boudent ou crient. J'en viens à me fâcher, à devoir crier ou taper du poing sur la table, à faire du chantage pour qu'ils se taisent. J'en ai assez d'être autoritaire ou en train de les consoler. Qui me console, moi ? Qui s'occupe de moi ? Personne. Avec eux, j'ai déjà deux enfants, et ce qui est certain, c'est que je n'en veux pas d'autre. Les parents qui ne sont que des enfants capricieux ne devraient pas avoir d'enfant. S'ils en ont, ils les massacrent ou les obligent à grandir bien trop vite. »

Quand la violence psychologique s'installe à part entière au sein de la famille, elle en prend le contrôle et est physiquement ressentie par chaque membre de la famille. De manière toxique, elle se fait la gardienne d'un équilibre sectaire et sadique. Et la famille devient une prison aux murs et aux barreaux invisibles.

L'emprisonneur

L'« emprisonneur » est celui ou celle dont les comportements réduisent, voire anéantissent, la personnalité de sa victime, sa liberté d'agir et de penser, son droit d'*avoir* et d'*être*. L'emprisonneur est communément appelé « bourreau ». Quelles que soient sa posture et sa place dans la famille, il cherche à contrôler, à être reconnu, à faire mal, à nuire. Parce qu'il souffre d'une fragilité psychique importante, parce qu'il se sent dévalorisé ou mis en rivalité, parce qu'il obéit à un cadre préexistant, parce qu'il n'arrive pas à exprimer d'autres émotions que la colère ou l'orgueil ; ou encore parce qu'il ne supporte pas le moindre changement, parce qu'il recherche la possession ou l'amour inconditionnel, il va user des mécanismes de la violence psychologique pour dominer, avec l'envie plus ou moins explicite de se venger.

Se sentant interdit de bonheur, il en prive ses proches. Il use de violence en précisant qu'il est obligé de le faire, se présentant en victime et devant se défendre contre ce qu'il prend pour des attaques ou des remises en cause permanentes. Toute communication saine est dès lors interdite et laisse place chez la vraie victime à la peur, l'angoisse, le doute et la volonté permanente de bien faire sans savoir comment y arriver. Il peut être père, mère ou conjoint ; il peut être le couple parental face à l'enfant, le *pater familias* s'imposant face à sa descendance. Il est toujours celui qui prend le pouvoir et auquel personne ne souhaite le retirer, par soumission, par crainte et pour ne pas être blâmé(e) et rejeté(e). Il joint le geste à la parole, un geste en apparence suffisamment neutre pour ne pas être remarqué : la main posée dans le dos, sur le cou… Ces gestes sont des ordres implicites. Il n'est plus simplement emprisonneur, il devient le geôlier qui empêche toute liberté de mouvement au sein de la prison.

Un attachement primaire insécure, un manque d'estime ou de confiance en lui, une perte insurmontable ou un changement brutal dans sa vie peut conduire un individu « sain » à devenir emprisonneur. Ainsi, comme la victime, l'emprisonneur porte une souffrance dont il n'est pas conscient, car il la refoule et reste dans le déni. Son inconscience se transforme en violence. Il ne répond qu'à ses pulsions et cherche à les satisfaire. La victime réfrène et contrôle ses propres pulsions, ce qui la maintient à la frange d'une vie psychique réelle et satisfaisante. Paradoxalement, l'emprisonneur comme la victime nourrissent l'un et l'autre un besoin : celui, pour la victime, de rester en marge de toute vie émotionnelle afin de s'en protéger (elle ressent des émotions qu'elle s'efforce de contrarier ou d'ignorer) ; celui, pour l'emprisonneur, de dominer en exprimant violemment ses pulsions et en faisant de l'autre le responsable et le coupable de cette violence.

Une question revient régulièrement : l'emprisonneur est-il conscient de faire mal (et/ou de faire du mal) ? Sa seule intention est de vouloir gagner en puissance, en pouvoir, en reconnaissance, en autorité. Quel que soit le prix à payer. L'emprisonneur a donc conscience de ce qu'il fait et des conséquences de ses actes, mais peut-être pas d'être violent. À l'exception du pervers narcissique, un emprisonneur peut un jour prendre conscience de sa violence, souvent parce qu'il aura été condamné par la justice. Il peut bénéficier d'une thérapie, si elle est ordonnée ou s'il en fait la demande, et surtout s'il en comprend le sens et la portée, à savoir renoncer à ses croyances toxiques pour les autres comme pour lui et restaurer des relations apaisées.

Le pervers narcissique

Il existe un emprisonneur très (trop) médiatisé : le pervers narcissique[1]. C'est un gourou particulièrement dangereux, créateur d'un mécanisme impliquant totale obéissance, soumission, adoration mêlée de crainte. Tellement dangereux que ses victimes l'admettent difficilement – le reconnaître accroît leur peur, leur culpabilité et leur sentiment de nullité, de vide et d'inexistence.

---

1. «[…] le pervers narcissique n'a que faire de la vérité : moins exigeantes et plus avantageuses sont les apparences. Il n'y a rien à attendre de la fréquentation des pervers narcissiques. On peut seulement espérer en sortir indemne.» Paul-Claude Racamier, *Les Perversions narcissiques*, Payot, 2012.

Les comportements du pervers narcissique

En psychiatrie, la qualification de « pervers narcissique » ne correspond à aucun trouble précis même si, pris individuellement, les termes de « pervers » et « narcissique » sont définis. Selon la médecine, le pervers narcissique se rapproche de la personnalité antisociale caractérisée par un mépris et une transgression des droits d'autrui, les troubles ayant débuté à l'adolescence. On estime la proportion des pervers narcissiques entre 1 et 3 % de la population, en grande majorité masculine. Ce trouble de la personnalité, dominé par le mépris à l'égard des autres, est caractérisé par au moins trois des comportements suivants :

- incapacité à se conformer aux règles sociales et aux comportements licites ;
- tromperies et mensonges répétés ;
- impulsivité et imprévisibilité ;
- irritabilité et agressivité (se traduisant par des violences physiques et/ou sexuelles) ;
- mépris pour sa sécurité ou celle d'autrui amenant à des conduites à risque avec comorbidité ;
- incapacité d'assumer ses obligations personnelles, professionnelles ou financières ;
- irresponsabilité et projection de ses fautes sur un tiers ;
- absence de remords, indifférence et rationalisation des conséquences de ses comportements.

Il n'existe aucun traitement particulier permettant une amélioration à long terme, une modification et une stabilisation de ces comportements. Espérer un changement est un leurre qui trompe la victime et profite à l'antisocial.

Le pervers narcissique ambitionne le pouvoir – qu'il associe à la reconnaissance. Il ne laisse de place à personne. Certain de tout savoir et de tout réussir, il ne supporte pas la moindre opposition. Il exige d'être respecté tout autant qu'adulé. L'autre ne compte que pour ce qu'il peut lui apporter, jamais en tant qu'individu à part entière. Seule son image a de l'importance et il détruit celle de son entourage pour le faire disparaître. Il déploie le plus de stratégies et de supercheries possibles pour s'approprier sa victime et la rendre incapable de penser. Il la convoite et la hait, il a besoin d'elle de manière respiratoire et la méprise de la même manière.

Son mode de communication repose sur la confusion, la culpabilisation et sa propre victimisation. Le dénigrement, les menaces et le chantage maintiennent l'état de dépendance. La manipulation de la parole, du geste, du lien affectif, de la réalité est constante. Son pouvoir de persuasion est immense et utilise indifféremment chaque acteur de la vie civile, médicale ou judiciaire, à son seul profit. Tous les mécanismes de la violence psychologique sont utilisés de manière paroxystique. La victime se retrouve abandonnée socialement et seule face à ses peurs et sa honte. Quant au pervers narcissique, il ne risque pas d'être démasqué puisque ses comportements sont ignorés. Les victimes en parlent en ces termes : « Il est au-dessus de tout, au-dessus des lois, au-dessus des règlements. Il invente des règles qui changent en permanence. Il ne respecte rien mais il faut le respecter. Il impose en dictateur. C'est le chef, c'est Dieu. »

Son public, conquis, est prêt à le défendre en cas d'attaque ou de critique. Serpent, il envoûte, transforme la réalité dans un discours hypnotique, toujours composé de plusieurs niveaux de lecture possibles. Caméléon, il s'adapte et change de visage et de propos selon ses besoins et ses interlocuteurs, autant de fois que nécessaire. Incapable d'aimer, dépourvu de tout sens de l'altérité, il est froid et calculateur, indifférent à la souffrance d'autrui. Il perçoit la faiblesse ou la fragilité, mais cette forme d'empathie très spécieuse n'est que cognitive : si elle lui permet de relier un fait à une émotion, elle s'arrête à cette observation ; lui-même ne ressent rien. En revanche, excellent comédien, il simule toutes les émotions : ne les ressentant pas, il les joue sans en éprouver la charge affective et physique. Aussi, il trompe la victime qui le verra rire, pleurer, garder la tête basse… Il passe du rire aux larmes sans épuisement psychique, la charge émotionnelle étant absente et ne lui prenant aucune énergie. Sa sexualité est souvent déviante ou pratiquée dans l'urgence. Il ne cherche pas la jouissance mais la pénétration et la possession, sans se soucier du plaisir ou de la douleur de sa victime.

Le pervers narcissique se protège. Il est faible mais son orgueil est démesuré. Il ne connaît que la colère et l'envie. Son manque de construction psychique le plonge dans une régression infantile et tyrannique s'il est contrarié. Il se met dans une colère noire au moindre reproche et exige qu'on s'occupe de lui comme d'un petit enfant. Ses paroles causent des ravages dans le cerveau de la victime. Ce qui est dit posément peut être bien plus destructeur que les grosses colères. La répétition martèle et anéantit le cerveau de la victime aussi lentement que sûrement. S'il n'est pas ou plus satisfait, s'il se croit moqué ou ressent de l'ironie, il passe à l'acte en cherchant à détruire.

Christiane se rappelle un matin où elle a osé prendre les choses avec humour : «Toutes les nuits, il me réveillait. Il s'asseyait calmement sur le bord du lit et me racontait pourquoi j'étais malade, dangereuse. Ce que je faisais de mal, à lui, aux enfants. Il me trouvait toujours de nouvelles pathologies ; et en même temps il disait qu'il allait finir par être malade à cause de moi, parce que je ne me soignais pas et qu'il ne savait plus comment faire. Il m'a expliqué que j'étais dissociée de moi-même. C'était assez étrange, puisque le psychiatre que je voyais depuis quelque temps m'avait dit que j'étais dissociée, que c'était un état classique chez les victimes, comme si on sortait de notre corps et qu'on observait la scène de l'extérieur, sans rien ressentir. Mon mari parlait de schizophrénie, de bipolarité. Cette nuit-là, épuisée qu'il me répète encore et encore la même chose, voulant bêtement faire un peu d'humour, j'ai répété "socié" quand il a prononcé "dissocié". Il a hurlé pendant des heures ; il a cassé des meubles, en criant et en m'injuriant. Un voisin a fini par venir, alerté par le bruit. Mon mari lui a dit que je faisais une crise, qu'il ne savait plus quoi faire. J'ai entendu le voisin lui répondre que je devais être hospitalisée si c'était si grave. Si le voisin le croyait, c'est qu'il devait avoir raison, c'est bien que j'étais malade. Je suis restée prostrée dans ma chambre, incapable de bouger, terrorisée à l'idée de ce qu'il ferait de plus si je parlais au voisin. Je voulais juste rire un peu. Je l'ai payé très cher : quand il m'a frappée, j'ai eu si mal que j'ai cru que ma mâchoire se décrochait et que mes tympans explosaient. J'ai perdu deux dents, et la parole pendant plusieurs jours.»

Il est aujourd'hui donné aux pervers narcissiques une place disproportionnée. On ne peut leur assimiler les égoïstes, les jaloux, les dominateurs, les insatisfaits, les envieux, les caractériels… Ces personnalités peuvent être odieuses et réduire la liberté de leurs victimes, mais elles sont détectables. Tous les auteurs de violence ne sont pas des pervers narcissiques, loin s'en faut, et ceux-ci sont rarement démasqués. Il faut se méfier des « diagnostics » précoces, des déductions reposant uniquement sur la lecture de quelques magazines. En s'installant dans la certitude d'être face à une telle personnalité, sans recul ou avis d'un professionnel, la personne en souffrance lui donne implicitement un pouvoir considérable, se rassure en se dégageant de toute responsabilité propre, se retire toute possibilité d'action ou de pensée, et se forge la conviction d'être irrémédiablement condamnée.

La société

La société, bien qu'extérieure à la famille, participe à la souffrance des victimes, puisqu'elle est censée être garante du droit et de la liberté de chacun. Une victime de violence hésite longtemps à agir et, même en agissant, elle se retient de tout dire, par peur de ne pas être crue, d'être considérée comme une menteuse, une affabulatrice, de ne recevoir aucun soutien. Lorsqu'elle agit contre le parent de ses enfants ou contre son propre parent, elle attaque alors une valeur fondamentale de notre société : l'amour parental et conjugal, pilier psychique et relationnel, certes archaïque mais très présent car censé être protecteur et valorisant. Disqualifiées pendant des années, les victimes doivent affronter l'incompréhension, le rejet, l'impossibilité de trouver les mots justes pour raconter, aggravant leur doute et leur culpabilité : ont-elles raison ou tort ? Sont-elles fautives ou abusées ? Pour ne pas se sentir vaciller sur ses fondamentaux, la société ferme souvent les yeux, l'entourage mime involontairement ce déni social et les victimes subissent une double peine lorsqu'elles dénoncent ou portent plainte.

La violence sociale est également économique. Dépendantes financièrement de leur emprisonneur – qui va en abuser –, les victimes se retrouvent sans revenus, ne peuvent pas quitter le logement familial et se sentent d'autant plus prisonnières. Les jeunes adultes qui n'ont pas les moyens d'assumer le coût de leurs études, de leur quotidien restent sous l'emprise parentale ou se retrouvent spoliés ou déshérités, au moins en paroles par l'utilisation de menaces et de chantages. Les épouses ayant renoncé à travailler, ou qui ont travaillé avec leur conjoint sans être déclarées, sont sans ressources, sans sécurité sociale, sans possibilité de crédit ou d'emprunt. Les disparités salariales engendrent un déséquilibre largement profitable à l'emprisonneur. Alors, comment partir ? Comment imaginer se retrouver seule ou avec ses enfants, à la rue ? Une séparation coûte cher. Quitter un emprisonneur coûte très cher. Car la violence psychologique est peu reconnue par les tribunaux. Un manipulateur joue et se joue des règlements et des procédures, conserve le contrôle sur sa victime dans ce rapport vicié où il prend du plaisir à montrer son plus beau visage tout en la disqualifiant. Ces divorces peuvent durer des années, contribuant à ruiner la santé psychique, physique et économique de la victime. La charge de la preuve revient à cette dernière, or la violence psychologique est d'autant plus difficile à démontrer qu'elle ne laisse pas de trace physique observable.

La justice, censée préserver l'équilibre de notre société, est souvent incapable de juger le harcèlement et la violence psychologique. Les victimes le vivent dans une grande souffrance. L'engorgement des tribunaux, les difficultés à prouver cette violence les maintiennent sous le régime de la terreur. Cependant, l'accumulation des procédures engagées par l'emprisonneur, nourries d'accusations fallacieuses portées contre la victime, devraient pour le moins éveiller l'esprit des juges sur un risque de harcèlement. Car, en provoquant ou en multipliant toutes ces procédures, l'emprisonneur conserve le lien avec sa victime et lui interdit encore de vivre.

Former les professionnels, que ce soit les magistrats, les avocats, les policiers et gendarmes, les professionnels du soin, est une urgence pour permettre aux victimes d'être légitimement plaignantes et défendues. C'est une urgence éducative, sanitaire et sociale, afin de tenter d'enrayer les fléaux et les drames nés de ces situations de violence. Des exemples récents obligent à penser à cette nécessité de toujours plus et mieux former les professionnels. Ainsi de cette jeune femme paraplégique après que son compagnon maltraitant l'a jetée par la fenêtre. Malgré la condamnation de celui-ci et la gravité de ses blessures physiques, cette victime n'a pu obtenir pleine réparation. Il lui a été reproché d'être retournée chez elle après une violente dispute et d'avoir ainsi contribué à ce qu'il lui était arrivé. « On peut donc, en France, devenir handicapée parce qu'un homme a fait preuve de violence envers nous et ne pas être indemnisée car on n'a pas réussi à fuir le domicile conjugal ? Une décision qui fait scandale, quand on sait les difficultés rencontrées lorsqu'on est sous emprise ou isolée économiquement, par exemple[1]. »

---

1. Article d'Émilie Poyard paru dans le magazine *Elle* le 4 janvier 2019.
À la suite d'une décision rendue par le parquet d'Angers le 19 mars 2019, la jeune femme sera indemnisée et se dit soulagée d'être reconnue victime à 100 %.

Les mécanismes de la violence

Cycles et répétition

La victime de violence psychologique, enfant ou adulte, ne sait jamais sur quel pied danser : elle subit constamment des douches écossaises… Elle n'est assurée que d'une chose : si elle parle ou si elle réagit mal, elle sera critiquée par son emprisonneur. Mise en incapacité de savoir comment bien réagir, elle s'expose toujours aux reproches.

La répétition est au fondement du conditionnement et de la croyance de la victime, car ce qui est si souvent dit ou agi ne peut qu'être vrai. L'unicité d'une remarque crée un doute. La redite exacerbe ce doute. La répétition fait croire à sa réalité. L'adulte s'y soumet, accordant malgré lui à son emprisonneur un pouvoir ou un savoir auquel il n'a pas accès. L'enfant le reçoit comme une vérité et l'inscrit comme une croyance. Il s'y conforme, pour ne pas décevoir son parent et correspondre à l'image qui lui est renvoyée, même si cette image est destructrice.

Les reproches

Les reproches sont exprimés de diverses façons. L'emprisonneur use de tout ce que le langage offre de subtilités pour blesser et faire naître le remords et le doute chez sa victime :

- la prise de pouvoir par l'affirmation d'un savoir/d'une compétence : « À ta place, je n'aurais pas dit/fait ça » ;
- l'infantilisation : « Je dis ça pour toi », « Tu as encore eu besoin de n'en faire qu'à ta tête », « Tu ne grandiras donc jamais… » ;
- l'utilisation récurrente d'événements passés : « Depuis dix ans, tu n'as rien changé », « Nous en avions déjà parlé, je crois, nous étions pourtant d'accord… » ;
- le « oui, mais » qui semble complimenter mais dénigre : « Tu as bien fait, mais si j'étais toi, j'aurais fait autrement » ;
- les constats : « Il n'y a encore plus de pain » ;
- la victimisation : « Tu m'avais promis de le faire », « Je pensais pouvoir compter sur toi », « Je me sens bien seul(e) » ;
- les fausses interrogations : « Les enfants n'ont pas encore fait leurs devoirs ? », « Tu comptes sortir avec cette robe ? », « Tu as pensé au pain ? » ;
- la négation : « Tu ne me l'as jamais dit » ;
- les ordres dissimulés : « On va s'en occuper ».

Ces formulations sont utilisées de façon répétitive et usent du « tu » pour désigner le coupable. La victime souffre d'une érosion de sa capacité de penser et de réagir et intègre comme juste et justifié ce qui lui est reproché à tort.

La violence fonctionne par cycles composés de quatre phases identifiables, qui, toutes, réduisent un peu plus la victime à néant :

- **La séduction** arrive en premier. La victime y trouve toujours un « bénéfice ». Elle n'est pas consciente de rechercher ce bénéfice, mais la forme de séduction mise en place (compliments, consolation, protection…) semble réparer une fragilité ou répondre à une demande évidente : celle d'être aimé et protégé. La victime devient dépendante. Elle se sent bien. Elle livre ses manques, ses failles et ses faiblesses. Elle n'est jamais libre de ses faits et gestes, de ses paroles. Anesthésiée par la belle entreprise de séduction, elle ne se méfie pas et se livre totalement. Pourtant chaque compliment cache un ordre qu'il lui faudra respecter tôt ou tard.

- **Les tensions.** Une fois la victime séduite, il n'est plus question pour elle de déroger aux ordres et au contrôle. Y contrevenir met en route la deuxième phase du cycle. Le climat familial se modifie subitement, obligeant à la prudence, à la mise en retrait, à l'anticipation, à une prévenance exagérée, à un questionnement constant. La victime ressent physiquement les tensions, ce qui la fragilise d'autant plus. Mais elle ne peut pas éviter de commettre une erreur ou un acte qualifié comme tel, permettant à la troisième phase de s'enclencher : la crise.

- **La crise** se manifeste sous forme de colère glaçante ou explosive, toujours tournée contre la victime. Tout ce qu'elle est lui sera cette fois violemment reproché. C'est toute sa personne et son intégrité qui sont attaquées et saccagées. Elle se retrouve à terre, au moins psychiquement, et n'a aucun moyen de se défendre.

- **L'apaisement.** Le besoin de l'emprisonneur d'exprimer sa pulsion destructrice étant satisfait, la quatrième phase du cycle peut commencer. Sur un ton rassurant, il explique les erreurs, les fautes, et indique à la victime les possibilités qu'elle a de se racheter. En quelque sorte, l'emprisonneur fixe sa loi, énumère les commandements à suivre pour que sa colère n'ait plus à s'exprimer. Il va jusqu'à faussement s'excuser tout en précisant qu'il ne pouvait faire autrement, qu'il n'avait pas le choix s'il voulait être bien compris. La victime est prévenue et ne peut s'en prendre qu'à elle-même si elle reproduit son erreur. Elle se sent donc reconnaissante et redevable face à tant de mansuétude. Elle demande pardon et promet de mieux faire. Elle cherche à se justifier mais comprend qu'il est trop tard, qu'il ne lui reste qu'une seule chose à faire : être encore plus dévouée et obéissante.

Brigitte se rappelle ces cycles : «J'étais libre de mes mouvements dans un espace psychique excessivement réduit. Il avait dressé des murs autour de moi, j'étouffais et il s'en amusait. Il me regardait avec un sourire narquois, ça me faisait mal comme s'il m'enfonçait des lames dans le cœur. Je ne savais jamais vraiment ce que je devais faire, je savais juste que je devais lui obéir et qu'il saurait si je désobéissais puisqu'il savait tout de moi. Dès le début de notre relation, il a fait en sorte de tout savoir. J'étais crédule et confiante. Il s'est servi de tout : de ma solitude d'enfant, de mon désir de toujours bien faire. Il m'a tenue à distance du monde, disant qu'il me protégeait. Il a décidé de toute ma vie. J'ai fait tout ce qu'il voulait. Il finissait toujours par me le reprocher : mon immobilisme et ma bêtise étaient un poids, je lui gâchais la vie et ne servais à rien. Il retournait tout contre moi, même les choses les plus anodines. Je devais me taire et l'écouter. Dans chaque critique il y avait toujours quelque chose de mon passé, quelque chose de vrai, et je finissais par le croire à cause de ça. Quand j'oubliais ou me trompais, il explosait. Il me menaçait de partir, de me mettre à la rue, de me laisser sans un sou, de prendre les enfants, de me supprimer pour que je ne fasse plus de mal à personne. Puis il se calmait, me faisait promettre de m'améliorer et disait qu'il m'aimait douce et gentille comme il m'avait rencontrée. Alors j'essayais d'être encore et encore cette femme douce et gentille, pour surtout ne pas le perdre, ni perdre mes enfants, et je cherchais à me corriger. Mais je n'y arrivais jamais et chaque fois il se mettait un peu plus en colère. »

La violence psychologique repose sur cette interaction : la victime ne cesse d'agir mais de façon dispersée puisqu'elle ne sait pas clairement ce qui est demandé ou attendu. L'auteur des violences crée le doute pour obliger à l'action ou à l'inaction. Il s'en sert pour libérer ses pulsions de colère qu'il ne peut maîtriser et qu'il extériorise, se sentant ainsi vivant. Il est donc perpétuellement en colère mais le dissimule habilement pour conserver à sa merci la personne contre laquelle il se retourne. Les crises sont libératrices et apaisées par des mensonges pour maintenir la victime dans cet emprisonnement psychique.

L'ambivalence permanente

L'ambivalence la plus notable réside dans le fait que l'emprisonneur se comporte différemment selon qu'il se trouve en public ou seul avec sa victime. S'il sait se montrer charmant, attentif, souriant, drôle ou prévenant, conjoint idéal et parent rêvé devant des témoins, son comportement se modifie radicalement lorsque plus personne n'assiste à son spectacle. Il devient alors indifférent, silencieux, narquois, sournois, insidieux, dévalorisant, dénigrant, injurieux, insultant.

La violence psychologique trouble la raison et utilise les émotions de manière disproportionnée, inadaptée aux situations, créant doute et confusion chez la victime. Ce doute permanent retire tout sentiment de protection et toute assurance, détériore ou interdit la confiance et l'estime de soi. Celui ou celle qui use de violence psychologique contrôle en permanence, seule sa parole compte et son autorité doit être respectée. Toute autre figure d'autorité est dès lors considérée comme dangereuse et doit être tenue à l'écart ou réduite au silence et à l'inaction. L'emprisonneur infantilise en répétant des sous-entendus ou des critiques faisant perdre ou empêchant la victime de prendre confiance en elle, de se sentir valorisée et compétente.

S'il est insatisfait, il arrive à ses fins en utilisant le chantage ou la menace clairement exprimés ou sous-entendus, ce qui trouble davantage la victime : a-t-elle bien compris, bien répondu, suffisamment réfléchi ? S'est-elle donné tout le mal qu'elle pouvait se donner ? Fait-elle assez attention, est-elle assez gentille, prévenante, câline, ou encore ne serait-elle pas trop exigeante, trop capricieuse ou trop incapable ? Quoi qu'elle fasse, elle aura toujours tort, sera toujours minimisée et jamais remerciée.

Le vocabulaire de la violence

Nous pouvons tous faire preuve de maladresse, être exigeants, blessants ou vexants avec ceux que nous aimons. Lorsqu'il n'y a pas intention, lorsque la blessure est comprise et entendue, il est alors préférable de parler de « maladresse blessante » plutôt que d'« humiliation ». L'humiliation a pour objet de faire mal ; la maladresse est non intentionnelle, nécessite des excuses, mais ne cherche pas à contraindre ou à diriger.

Quand on est tenté d'utiliser les termes de «harcèlement», de «victime» (un mot parfois jugé disqualifiant) ou de «violence psychologique» pour désigner des tensions ou des disputes mineures qu'on reproche à l'autre, on risque de s'enfermer dans cette idée. En revanche, les personnes qui sont profondément atteintes par cette violence n'osent plus utiliser ces mots par peur d'être jugées ou incomprises. Il est donc essentiel de se poser deux questions en cas de désaccord ou de conflit : «Qu'est-ce que ce conflit me fait émotionnellement?», «Ai-je la possibilité psychique et l'envie d'y répondre?». Lorsque les réponses sont négatives («J'ai peur de la suite», «Je ne sais pas quoi répondre; si je réponds j'aggrave toujours la dispute, je préfère me taire»), nous ne sommes déjà plus dans le conflit mais sous contrôle, en perte de confiance ou d'estime de soi. La relation est déjà déséquilibrée.

L'emprisonneur est incapable de se remettre en cause; la victime le fait constamment. Infantilisée, elle devient dépendante car retenue dans un cadre qui la contraint et dont elle n'a pas le droit de sortir. Elle a besoin de cette autorité qu'elle reçoit comme une protection. L'emprisonneur fait figure d'autorité face à sa victime : le parent face à l'enfant, le conjoint ou la conjointe à qui l'on s'est confié et en qui on a mis sa confiance... Mais c'est une autorité qui repose uniquement sur des injonctions et des interdits. La victime a donc une image déformée de l'autorité, qu'elle va constamment chercher en la pensant bienveillante alors qu'elle ne fait que détruire. La notion d'autorité, comme celle de normalité, devient ambivalente, ce qui fait perdre ses repères à la victime ou lui interdit d'en avoir.

Menaces et chantages affectifs, victimisation, injures et insultes, silence et ignorance, questionnements permanents et intrusifs, sous-entendus, angoisses simulées et destinées à maintenir un lien, faux compliments, remerciements sous condition sont les piliers de cette violence verbale qui atteint le psychisme et l'identité de la victime. L'auteur des violences utilise également le langage non verbal pour contraindre et limiter : il se tient à l'écart, ne répond pas, a une attitude et une gestuelle fermées, soupire, ricane, hausse les épaules, tourne le dos ou sort de la pièce lorsqu'on s'adresse à lui… autant de marques de mépris ou de désintérêt.

Quant au pervers narcissique, son emprise psychologique est un vampirisme quotidien : il crée un « effet brouillard » et œuvre dans l'ombre. Il spolie sa victime de ce qu'elle est et la laisse inerte. En voulant faire disparaître son image qu'il ne peut supporter, il cherche à détruire sa victime, qui lui renvoie ce reflet odieux. Il redoute toute spiritualité. Le recours aux valeurs morales, légales ou religieuses n'est qu'un outil utilisé pour briser. Il lui est impossible de se conformer ou de ressentir ces valeurs en tous points opposées à ce qu'il recherche, d'en tirer une règle de vie ou de conduite. Il les repousse ou les ignore.

Le pervers narcissique ne donne jamais la moindre explication et trouve toujours d'excellents prétextes pour se justifier. La culpabilité est systématiquement reportée sur la victime qui se pense dépourvue de toute intelligence ou raison. Il ne tient jamais compte des faits et continue de nier, même confronté à ses mensonges. Maître en rhétorique perverse, il manie avec talent et inventivité l'art sournois de la double contrainte.

La double contrainte

La double contrainte, autrement appelée « injonction paradoxale », met face à l'impossibilité de décider entre deux propositions antinomiques et plonge la victime dans un état d'incapacité à réfléchir et à agir. La formule « Sois spontané(e) ! » en est un exemple. En se forçant à être spontanée, la victime perd instantanément toute spontanéité. Elle ne comprend plus rien et ne comprend pas pourquoi elle ne comprend rien. La double contrainte lui fait perdre ses repères, sa capacité à décider et à évaluer les risques. Elle doit agir, puisqu'elle doit répondre, mais aucune réponse ne lui semble satisfaisante. Elle espère obtenir une clarification et répond « Je ne sais pas » ou « Comme tu veux ». Ce qui l'expose à divers reproches, allant de « Tu n'as décidément aucune personnalité, heureusement que je suis là pour toi » à « Arrête un peu de te plaindre, fais un effort, comme d'habitude tu ne comprends rien »...

Les formes du harcèlement

La violence psychologique n'existe pas sans harcèlement moral. Celui-ci est caractérisé par des agissements ayant pour but de nuire et de dégrader les conditions de vie de la victime. Trois formes sont à retenir en particulier : le *gaslighting*[1] fait croire à la victime qu'elle perd la raison ; le *stalking* en fait une proie sans cesse traquée au point de perdre tout sentiment de sécurité et toute rationalité ; le *mobbing* ruine l'estime de soi et mène à l'exclusion et à l'isolement.

---

1. Je conserve ici ces anglicismes généralement compris et acceptés.

Le *gaslighting*

Le *gaslighting* est un abus mental et psychologique. Le terme vient de la pièce de théâtre *Gas Light*[1]. L'histoire est celle de Jack et de son épouse Bella. Jack se sert de techniques méthodiques et indirectes pour perturber sa femme et troubler ses perceptions et sa mémoire : il utilise le déplacement ou la modification d'objets et d'événements, la déformation de faits, l'invention et le mensonge. Le discours tenu par l'agresseur est à la fois contradictoire et éloquent, ne laissant aucune possibilité à la victime de s'en sortir. Elle est coincée.

Brigitte a subi ce harcèlement : « Les veilles de marché, je préparais les caisses à emporter le lendemain, pour ne pas avoir à le faire en me levant à 4 heures du matin. Après deux ou trois ans de mariage, régulièrement quand je me levais, les caisses n'étaient plus sur la table. Ou encore il manquait des produits, ou il n'y avait pas les bons produits. Il fallait que je recompte, que je recommence. Je m'énervais, je faisais du bruit. J'entendais mon mari soupirer du fond de notre lit – il ne se levait jamais et ne venait jamais avec moi au marché. Parfois, pour ne pas le réveiller, je préférais ne pas vérifier les caisses, je partais avec beaucoup de produits manquants et je ratais de belles ventes. Mon mari me disait après, l'air désolé et résigné : "Tu es trop distraite, tu n'arrives plus à travailler. Tu fais n'importe quoi, tu devrais te reposer, tu perds tout en ce moment." Un jour, j'ai voulu ranger un placard que je n'ouvrais jamais. Dedans, j'ai trouvé des sacs, et dans les sacs, tous ces produits que je croyais avoir perdus. Je n'ai jamais osé lui en parler. De toute façon, c'était trop tard. J'avais arrêté de travailler, persuadée d'être malade. »

---

1. Pièce de 1938 de Patrick Hamilton adaptée à Broadway en 1941 sous le titre *Angel Street*, puis au cinéma par George Cukor en 1944 sous son titre d'origine.

Le *gaslighting* apparaît comme un «effort pour rendre l'autre fou[1]». La vérité est constamment revisitée, trompant les sens et les valeurs de la victime. Pour ne pas avoir le sentiment de vivre en plein mensonge, pour ne pas sombrer dans la démence, celle-ci finit par croire que tout ce qu'elle entend est vrai. Elle en vient à douter de sa propre santé mentale.

Réfuter la perception qu'une personne a de son environnement est destructeur pour le psychisme. Non seulement la victime est discréditée aux yeux de son entourage et à ses propres yeux, mais le coupable n'est ni identifié ni même soupçonné puisque tout demeure invisible et inexplicable.

Le stalking

Le *stalking* (traque) – proche du cyberharcèlement puisqu'il utilise essentiellement les nouvelles technologies et les réseaux sociaux – est un harcèlement obsessionnel principalement tourné contre les femmes. Il permet au *stalker* (c'est-à-dire l'auteur de cette traque) de connaître parfaitement la victime tout en conservant un sentiment d'impunité grâce au recours aux écrans. Ses conduites sont intrusives et répétées. Tous les moyens imaginables pour entrer en contact sont utilisés : appels, SMS, mails, messages sur les réseaux sociaux, menaces, envois de «cadeaux» inappropriés… Les victimes sont constamment surveillées et observées par leur harceleur qui semble tout connaître d'elles. Elles ont le sentiment que ce

---

1. «Rendre l'autre fou est dans le pouvoir de chacun : qu'il ne puisse pas exister pour son compte, penser, sentir, désirer en se souvenant de lui-même et de ce qui lui revient en propre.» Harold Searles, *L'Effort pour rendre l'autre fou*, Gallimard, 1977.

harcèlement n'aura pas de fin et développent un stress post-traumatique, des idées suicidaires, des symptômes somatiques (maux de tête, nausées) et des troubles du sommeil (insomnies, cauchemars), sans oublier un état d'anxiété et de dépression.

Le mobbing

Le *mobbing* est à l'origine un harcèlement d'ordre psychosocial dans le cadre de la vie professionnelle, mais il se retrouve sous certaines formes dans la sphère privée. Il se manifeste par des actes ou des paroles hostiles et est mis en place par un individu ou un groupe d'individus contre une personne désignée comme bouc émissaire.

Le terme *mobbing* vient de l'anglais *to mob* (« attaquer », « malmener »). Les victimes, présentées comme « difficiles » par leur(s) bourreau(x), subissent en réalité un processus de destruction orchestré contre elles[1]. Ce processus correspond dans le monde animal au comportement des petits oiseaux qui se réunissent pour attaquer en groupe celui qui semble être une menace. La victime, dans le cadre professionnel, est considérée comme une menace. Elle doit être éloignée et disqualifiée pour ne plus gêner.

Le *mobbing* est animé par une volonté consciente : celle de détruire, de se « débarrasser » de l'individu jugé gênant. Il est d'autant plus difficile de se défendre pour une victime que les agissements sont

---

1. « Il s'agit de la répétition d'un ou plusieurs agissements hostiles au moins une fois par semaine pendant au moins six mois. » Heinz Leymann, « Mobbing and Psychological Terror at Workplaces », *Violence and Victims*, n° 2, 1990.

souvent passifs. Les rôles sont inversés : la victime devient coupable et le coupable se victimise. Les mécanismes sont troubles, sournois, pervers et dévalorisants, induisant pour la victime une perte complète de confiance en soi et des problèmes de santé physiques et psychologiques. Les actes malintentionnés sont variés : persécution reposant sur le système de l'entreprise/la famille (contrôles, tâches dévalorisantes, etc.), isolement social, dénigrements et critiques… Ils perdurent sur une longue durée, parfois des années. Ils sont répétitifs et portent atteinte à l'équilibre psychique. Dans le cadre professionnel, ils mènent à la démission de la victime et à son discrédit. Dans le cadre de la famille ou du couple, ils incitent à rompre tout lien ou à se séparer. Ils peuvent conduire au suicide.

Gaslighting, *stalking* ou *mobbing* se retrouvent dans la violence psychologique intrafamiliale. L'emprisonneur y recourt pour en tirer un profit et une jouissance. La victime est discréditée, se sent inutile et en grand danger. Ses comportements peuvent devenir suicidaires. Elle ne pense pas à mourir mais à mettre fin à ses souffrances, et ne voit plus d'autre solution que la mort.

Bien que ses souvenirs soient fragmentés, Marie se rappelle de nombreux comportements qu'elle ne savait qualifier mais qui, tous, étaient destinés à la blesser et à la dénigrer. «Je n'étais jamais au bon endroit. Quand il passait près de moi, je prenais un coup d'épaule, ou il me marchait sur les pieds. Quand je laissais mon sac par terre, il se cognait dedans, systématiquement. Je pensais que c'était de ma faute. Que je devais me pousser, apprendre à ranger mes affaires. Il coupait la radio si j'écoutais de la musique pour allumer la télé, éteignait les pièces où je me trouvais, me laissait seule à table avec les enfants, me coupait la parole ou s'agaçait si je parlais trop. C'était systématique. Tous mes livres étaient salis. Il renversait dessus son café, laissait tomber ses cendres ou les griffonnait pour noter en urgence un rendez-vous, un numéro de téléphone. Il le faisait en râlant, en disant "On ne trouve jamais rien dans cette maison". Il poussait de longs soupirs en me voyant, à la fois énervé et désespéré. Je me disais que je n'étais jamais à la hauteur. Et que c'était de ma faute. Un soir, il m'a appris à jouer au backgammon. J'ai gagné la deuxième partie, puis la troisième. Il a refermé le jeu sur mes doigts. J'ai perdu un ongle. Il a dit que je n'avais qu'à faire attention et que plus jamais nous ne jouerions ensemble. »

La violence au quotidien

La violence psychologique ne s'accompagne pas toujours de violence physique, ou celle-ci est bien dissimulée, donc incomprise et ne laissant ni trace ni preuve auxquelles la victime peut se raccrocher. Elle se suffit souvent à elle-même et le contrôle comme la contrainte exercés sur la victime sont tels qu'aucun coup n'est nécessaire pour les renforcer. Cependant, lorsque l'on parle de contrôle, de contrainte, de dénigrement et d'humiliation, on évoque forcément les menaces, les postures et les gestuelles qui vont avec. Cette gestuelle, ces attitudes sont déjà de la violence physique, même si elle est trop souvent banalisée, minimisée ou ignorée, car, si elle choque, elle ne semble « pas si grave que ça ».

La violence physique

Il est question ici d'une violence physique presque invisible et souvent insoupçonnée car inscrite dans le fonctionnement de l'emprisonneur, donc intégrée par la victime comme un état d'être et non comme un acte de violence. La violence physique va au-delà des coups, des hématomes, des blessures. Elle peut être plus subtile et se manifester insidieusement. Des gestes irrespectueux et méprisants apparaissent peu à peu pour rabaisser la victime. Leur multiplicité et leur diversité la mènent à développer une nouvelle peur, à se méjuger davantage en se considérant indigne d'être respectée. C'est une forme de violence physique tellement sournoise que la victime n'en a aucune conscience.

Comme le dit Amélie, séparée après avoir vécu quinze années de mariage et de maltraitance : « Il ne m'a jamais vraiment frappée, je ne suis pas une femme battue, je ne peux pas être une victime. Parfois il avait des attitudes étranges, ça me faisait mal, mais ça reste une petite violence, je ne craignais pas grand-chose. » Cette « petite violence physique » au quotidien interdit de prendre conscience de sa dangerosité :

- « Petite » car elle semble anodine. Soupirer, lever les yeux au ciel, tourner le dos au lieu de répondre, s'agacer et même cracher ou émettre un son déplacé… Chacun, sans être violent, peut avoir par moments un comportement déplacé, ce qui en minimise la gravité.
- « Violence » car le systématisme et la répétition rendent insupportables ces comportements qui abîment. La première réaction (étonnement face à la colère, surprise, agacement) se transforme avec le temps. N'arrivant plus à réagir, se lassant, s'habituant, la victime devient certaine de mériter les réflexions et les gestes de mépris qui lui sont constamment adressés.

- «Physique» car cette violence touche physiquement, même sans coup ou blessure. La victime le ressent : elle a un geste de recul, un mouvement incontrôlé de protection, et elle ressent une tension physique.

Dans ce mode de communication destructeur, le non-verbal est très important. L'emprisonneur se penche pour dominer la victime, sa main tape fermement sur une table ou contre un mur pour appuyer ses propos blessants et insultants, ses regards passent du mépris à la colère sans qu'aucune parole ne soit formulée… En réponse, la victime mesure ses gestes et ses paroles, espérant ne pas provoquer une nouvelle vague de menaces et d'agressions.

La victime cherche à ignorer cette violence. Elle ne comprend pas les messages que son corps lui transmet. En minimisant la violence, elle entre dans un système de double contrainte : elle croit se protéger en taisant la vérité. Elle pense éviter à l'emprisonneur les accusations qu'il mérite mais qu'il sait retourner contre elle. Elle ne fait que contribuer au système violent. Elle ne se protège pas, toujours soumise. L'emprisonneur reste impuni.

On entend souvent : «À la première gifle, je pars !» Mais la première gifle arrive souvent tard dans la relation. La première insulte a été compensée par un cadeau, des promesses, des suppliques : «Ne me quitte pas, sans toi je ne suis rien, ça n'arrivera plus. J'ai besoin de toi. Je te promets de changer, j'ai compris.» L'emprisonneur joue sur les sentiments et les émotions, le besoin d'aider ou de se sentir important, la compassion de la victime. La victime veut y croire et reste en imaginant que ce n'est arrivé qu'une fois, par hasard, par erreur. Une fois, puis une autre, et une autre encore. Les coups sont de plus en plus fréquents et de plus en plus forts. À la première gifle, la victime ne part pas. À la deuxième, elle a honte de ne pas être partie et pense qu'il est déjà trop tard.

La violence sexuelle

La violence sexuelle peut être tout aussi indicible (nous le verrons plus loin avec l'incestuel). Le corps ne devrait jamais être un objet sexuel. Entre adultes, tous les jeux sexuels sont admis s'il y a consentement explicite et s'ils restent dans le cadre légal. La violence sexuelle existe entre époux. Le viol conjugal n'est pas conditionné par une violence physique, c'est une contrainte psychique à laquelle la victime ne peut échapper. La notion de devoir conjugal a donné lieu à bien des abus et des soumissions[1]. De l'adulte à l'enfant, tout comportement, toute parole ou tout geste lié implicitement ou directement à la sexualité de l'enfant, de manière intrusive et violente, est criminel.

Le viol psychique se fait par dénigrements, menaces et injonctions verbales. C'est une pénétration dans un système de pensée afin de le corrompre et le salir. Le viol physique suit le même processus. La victime se soumet. Son cerveau se bloque. Sidérée, elle ne peut ni réagir ni parler. Elle souffre d'une culpabilité omniprésente avec

---

1. Le devoir conjugal (devoir de relations sexuelles dans un mariage) dispose d'un cadre légal dans le Code civil. Les articles 212 à 215 indiquent l'obligation de communauté de vie et donc implicitement de communauté de lit. Cependant personne ne peut obliger son conjoint à avoir des relations sexuelles : «On n'a pas le droit de faire appliquer ce droit soi-même, sinon l'obligation de relations sexuelles devient du viol et la chambre commune devient une séquestration.» Maître Xavier de La Chaise, avocat au barreau de Paris, *Le Parisien*, 2 juin 2017.

une impression de souillure et une honte grandissante. De très nombreuses victimes se déconnectent de la réalité pour éviter une décharge émotionnelle trop violente.

La violence physique ou sexuelle ignore la parole de la victime. Que celle-ci dise non, qu'elle manifeste un refus, qu'elle crie ou qu'elle pleure, elle n'est pas entendue. C'est une violence minimisée, voire incomprise : peu de victimes se rendent compte qu'un crachat, une légère bousculade sont des violences physiques. Peu comprennent qu'un mot peut laisser autant de trace et faire aussi mal qu'un coup, parfois bien plus puisqu'on ne peut rien montrer, que rien n'est physiquement constaté. La violence psychologique semble moindre et donc pardonnable. Les victimes sont dans le déni ou trouvent des excuses et des prétextes pour ne pas porter plainte.

Il n'y a donc pas de «petite» ou de «grande» violence physique. La menace fait aussi mal que le coup, ses répercussions psychiques et physiques sont importantes.

Vivre en vase clos

Les comportements réflexes

La victime de violence psychologique adapte sa personnalité et adopte des comportements réflexes permettant l'enracinement de ses croyances. Elle n'est pas autonome, elle obéit à des règles dont elle ne comprend pas le sens et qui ne lui sont pas bénéfiques ; elle tend en permanence à une perfection qu'elle ne peut atteindre ; elle redoute une sanction qu'elle pense mériter. Si l'enfance a été marquée par la maltraitance, une répétition se met en place. La victime, face à une autorité contraignante, reproduit docilement ses comportements d'enfant : acceptation de cette autorité, soumission, dépendance, confiance en une réalité faussée. Plus le lien est fort et/ou enraciné, plus la dépendance et la violence inscrivent des ancrages dont il est difficile de se libérer. La victime est privée de liberté et se retrouve entre les quatre murs d'une prison psychique.

La honte

La honte est le pendant de la perte d'estime de soi. Elle est liée à l'appartenance, au regard que l'autre porte sur nous. Elle ne repose sur aucune vérité tangible. Ce sentiment chez la victime d'être misérable protège inconsciemment l'emprisonneur. Ce qui est honteux ne pouvant être dit, la victime se mure dans le silence ; de fait, elle ne dénonce pas les violences, qui demeurent ainsi inconnues. Seule la victime est soumise aux regards extérieurs.

La honte est le sentiment fort d'être irrémédiablement sali, diminué. C'est une émotion complexe, qui se distingue des autres émotions par ses dimensions sociale, secrète, narcissique, corporelle et spirituelle. Elle se compose d'émotions simples (peur, colère, tristesse) et de sentiments (impuissance, rage retenue, désespoir, vide, etc.). Moins réfléchie que la culpabilité, elle est plus sensorielle. Elle se manifeste émotionnellement (gêne, malaise, peur ou exubérance, agressivité, etc.), corporellement (yeux baissés, tête basse, rougissement, etc.), cognitivement (pensées dévalorisantes ou agressives, etc.) et comportementalement (inhibition, paralysie ou ambition, exhibitionnisme, etc.). Elle permet de maintenir une relation que la victime perçoit comme nécessaire à sa survie, bien qu'elle ne corresponde pas à ses besoins.

Les hontes fréquemment exprimées

- N'avoir pas su ou pu dire non
- Avoir donné un « tel parent » à ses enfants
- Ne pas avoir vu, compris, entendu « quand il était encore temps »
- Ne pas avoir su réagir, s'en sortir

- Avoir « replongé »
- Avoir eu des parents maltraitants
- Être victime de violence sexuelle
- Ne pas mériter de l'aide

La honte peut être la conclusion de l'enfant confronté à une tâche impossible (par exemple «Je n'arrive pas à empêcher papa de se saouler… J'ai honte de ne pas y arriver»). Lorsqu'un enfant se sent responsable de sa famille, il prend sur lui la charge de la situation et se croit en être à l'origine. Cela lui donne un sentiment de contrôle et de pouvoir, celui de résoudre l'échec relationnel présent. C'est l'espoir de vivre une relation équilibrée. Mais l'enfant peut également s'approprier une honte parentale, en supporter le poids afin de libérer son parent d'une contrainte morale. La honte conserve alors l'illusion d'attachement, de présence et de fidélité à la figure parentale qui en est la cause.

La culpabilité

La culpabilité vient du latin *culpa* qui veut dire «la faute». La victime se juge «coupable, responsable d'un crime, d'un délit, d'une faute, d'un mal[1]». La victimisation dont se sert l'emprisonneur pour amener la victime à accepter la violence, à ne pas la voir comme telle, oblige également cette victime à développer un seuil de tolérance toujours plus élevé.

---

1. *Le Petit Larousse.*

Les culpabilités fréquemment exprimées

- « Je ne suis pas assez à l'écoute, je ne fais pas l'effort de comprendre, je suis exigeant(e) ou égoïste »
- « J'ai rendu l'autre violent »
- « Je ne fais aucun effort »
- « Je ne sais pas me défendre ou défendre mes enfants »

Parce que l'auteur des violences fait croire à une infraction vis-à-vis de la loi ou de la morale, la victime porte la faute dont on l'accuse à tort. Si rationnellement elle sait n'avoir commis aucune faute, elle ne peut pas émotionnellement s'opposer à ce que lui dit son agresseur. Il en ressort une forte angoisse et une tendance à l'auto-accusation. Le vrai coupable se dédouane et est dédouané.

Il existe une différence essentielle entre la honte et la culpabilité : la honte porte sur ce que l'on est alors que la culpabilité porte sur ce que l'on fait. La culpabilité interdit de prendre la pleine responsabilité de ses actes, là où la victime cherche précisément à être responsable. Elle interdit également l'action. La victime se sent « bloquée ». Une personne qui ressent de la culpabilité ne peut pas agir de façon authentique. Elle porte un masque et développe un faux self[1]. La plupart de ses comportements soulagent sa culpabilité ou lui évitent de la ressentir, mais ne la résolvent pas.

---

1. Le faux self, structure psychologique, s'élabore avec la construction de la personnalité. C'est une protection inconsciente, relationnelle et affective, en réaction à un environnement perçu comme contraignant et hostile.

Honte ou culpabilité ?

- Pensées types de la personne honteuse : « Il y a quelque chose qui cloche chez moi », « Je ne vais pas bien », « Je suis fou/folle », « Je n'ai aucun intérêt »
- Pensées types de la personne coupable : « J'ai fait quelque chose de mal », « C'est ma faute », « Il faut que je fasse autrement », « Je l'ai cherché »

La peur

La peur se manifeste de différentes manières et à différents moments. Elle entraîne un sentiment commun et exprimé par toutes les victimes, celui d'être paranoïaque. Cette croyance naît des menaces, reproches, insultes, comportements induits, silences et harcèlements de l'emprisonneur. Le sentiment de ne pas comprendre, de ne pas savoir, de mal faire et de risquer une sanction, un rejet ou un abandon devient omniprésent et tétanise la pensée et l'action de la victime, ce qui cause son immobilisme.

L'emprisonneur contrôle par la peur qu'il fait naître, use et abuse de ce contrôle. Il se sent tout-puissant, invincible, au-dessus des lois. C'est un chat face à une souris. Le chat guette et attend sans bouger. Mais il est prêt à bondir sur la souris si elle se déplace. La souris est figée. Elle sait qu'elle est en grand danger. Si elle bouge, ce sera pour fuir, mais elle risque toujours le coup de patte qui lui cassera la colonne vertébrale ou la tuera.

Les peurs fréquemment exprimées

- « Je ne sais pas faire, je n'y arriverai pas »
- « Je vais me tromper et faire mal à quelqu'un »
- « J'ai tort, personne ne va me croire, je ne vais jamais m'en sortir »
- « Et si tout ce qu'on me dit était vrai ? Et si c'était moi qui me trompais et ne comprenais rien ? »
- « Je suis seul(e), j'ai peur de l'autre »
- « Je n'arrive plus à vivre »
- « Je sais très bien ce qu'il va se passer »

Symptômes, douleurs et pathologies

La violence psychologique a des conséquences physiques importantes, même si le lien entre les deux est rarement fait ou mal pris en compte. Ainsi, une pathologie déclarée pourra être soignée, mais sa cause (la violence psychologique) est souvent ignorée. Des migraines aux douleurs musculaires, des tendinites à la fibromyalgie, des troubles du comportement alimentaire aux troubles du sommeil, des problèmes auditifs aux handicaps visuels, toutes ces pathologies peuvent trouver une racine dans une violence psychologique intrafamiliale. Apparaissent également des problèmes dermatologiques ou cutanés, des TOC[1] comme la dysmorphophobie[2], la

---

1. Trouble obsessionnel compulsif.
2. Trouble somatoforme ou TOC concernant un défaut imaginaire ou fortement exagéré de l'apparence physique. La préoccupation du patient est démesurée et l'amène à une anxiété permanente ainsi qu'à un isolement social.

dermatillomanie[1], la maladie de Verneuil ou la maladie de Crohn, des déficiences immunitaires, des risques de mutilation et de scarification, des peurs et des phobies irrationnelles, des troubles de la perception comme des hallucinations visuelles ou auditives.

Clara nous parle de ses symptômes : «J'ai 45 ans, je souffre encore de mes trente années d'abus avec ma mère et ses conjoints. J'ai beaucoup avancé sur le sujet, mais je sais qu'il me reste du chemin à faire. C'est un combat de tous les jours. J'arrive à "flotter" la plupart du temps dans une paix intérieure, mais je régresse et retombe régulièrement dans la peine que je n'ai pas le droit de dire. Dans cette rage que je ne peux pas crier. Dans ce silence qu'on m'impose parce que "ce n'est pas positif". Quand je suis en crise, je me défigure, je me blesse au visage, je m'arrache la peau jusqu'à m'y faire des trous, comme pour me rappeler que je suis laide, que je suis sale, que l'on ne peut pas m'aimer. Je me rends insupportable à mes yeux et au regard des autres. Les crises sont moins fréquentes, moins intenses, mais elles sont toujours là. J'ai toujours eu des problèmes de peau, depuis mon enfance. Pour les médecins que j'ai consultés, ce symptôme obsessif-compulsif est accessoire, alors que c'est ce qui mine le plus ma vie ! De façon évidente (c'est en plein visage, tout de même...), j'ai encore besoin de guérir. D'apprendre la bienveillance, la confiance, et plein d'autres compétences sociales plus constructives, paisibles et saines que celles que j'ai toujours connues.»

---

1. Pendant des périodes de tension, d'anxiété ou de stress, les personnes qui souffrent de dermatillomanie présentent le besoin irrépressible de triturer, presser ou gratter leur peau, jusqu'à créer des lésions sur diverses parties de leur corps.

Ici encore, il faut être prudent : l'apparition d'un trouble, aussi handicapant soit-il, n'est pas nécessairement un signe de violence psychologique. Mais ce doit être un signal d'alerte pour tous les professionnels du soin. Il est impossible d'envisager de soigner physiquement une victime sans considérer son état psychique, obligatoirement porteur de conséquences. Parfois ces conséquences sont presque invisibles, parfois on les impute à d'autres facteurs. Ainsi, les difficultés à respirer, les douleurs cervicales ou dorsales, les problèmes digestifs répétés – ces maux qui semblent être si communément partagés – sont plus que fréquents chez les victimes. Mais d'autres pathologies plus rares et plus graves peuvent apparaître : dérèglement de la thyroïde, aménorrhée précoce, problèmes cardiovasculaires, diabète de type 2, troubles immunitaires.

L'apport neuroscientifique permet de mieux comprendre le lien entre la violence psychologique et ces pathologies. Par exemple, le stress permanent généré par la violence psychologique peut causer une hyperactivité des glandes surrénales et créer un risque de diabète et/ou de prise de poids importante et parfois morbide. Les conséquences cognitives doivent aussi être considérées car elles sont nombreuses, fortement handicapantes et souvent très mal interprétées. Là encore, les neurosciences sont un outil fondamental pour mieux appréhender les répercussions sur la santé physique et mentale des victimes. Toutes ces découvertes sur le trauma (ou traumatisme[1]) ont déjà été mises en

---

1. «Trauma ou traumatisme (psychique) : événement de la vie du sujet qui se définit par son intensité, l'incapacité où se trouve le sujet d'y répondre adéquatement, le bouleversement et les effets pathogènes durables qu'il provoque dans l'organisation psychique.» *Vocabulaire de la psychanalyse*, Jean Laplanche et Jean-Bertrand Pontalis, PUF, 1967.

lumière par le médecin et psychologue Pierre Janet[1] (1859-1947) qui s'appuyait sur une démarche expérimentale et sur l'hypnose. Janet a conclu de ses recherches en psychopathologie que le corps continue de réagir dans le présent à un événement passé, comme si cet événement était toujours d'actualité. Il en a déduit que la mémoire est essentielle dans le fonctionnement humain, car elle reçoit, traite et organise les événements en autant d'informations. Si un souvenir n'est pas intégré et demeure présent, il révèle un trauma. En distinguant deux forces dans le cerveau, l'activation et la tension psychologique (ou capacité à organiser), Janet a constaté que face au trauma l'activation est à son maximum, lorsque la capacité à organiser est très faible, voire inexistante.

La réminiscence

Les victimes de violence ont leur « madeleine de Proust ». Son goût n'est pas délicieux mais acide, faisant remonter des souvenirs douloureux (« Je pensais que j'en étais sortie, et voilà que tout remonte »). Cette mauvaise madeleine naît le plus souvent d'un lieu, d'une musique, d'un parfum, d'un bruit. C'est une réminiscence. La moindre chose peut réveiller des angoisses, des traumatismes. Les victimes n'ont pas une fragilité à fleur de peau ; elles n'ont pas une hypersensibilité. Comme les victimes de lavage de cerveau ou de terrorisme, elles ont des comportements réflexes qu'elles ne peuvent pas contrôler. Elles sont marquées dans leur chair et en conservent les cicatrices. Le savoir leur permettra de l'analyser et de mieux l'accepter lorsqu'elles se retrouveront dans de telles situations, pour en supprimer la part émotionnelle et se mettre ainsi à distance. Car il n'y a pas de honte à ressentir.

---

1. Lire *L'Automatisme psychologique*, 1889.

Les apports des neurosciences et de l'imagerie médicale par scanner ou IRM ont confirmé les découvertes de Janet. Les fonctions normales du cerveau sont interrompues brutalement par le trauma. Certaines zones du cerveau ne sont dès lors plus activées ni utilisées, ce qui modifie sur plusieurs plans le fonctionnement de l'individu concerné. Le traumatisme fait disparaître la conscience de soi et la conscience corporelle. Les personnes semblent avoir leur vie fixée autour du trauma et le monde est interprété au travers des émotions et non de la cognition. Il devient très difficile, voire impossible, de faire de nouvelles expériences et de les intégrer, ce qui amène à répéter les expériences et les schémas déjà vécus.

Lorsque se produit l'événement traumatique, celui-ci est si brutal, si incompréhensible et semble si irrationnel que la victime entre en état de sidération. Il lui est impossible de réagir et d'analyser ce qu'il se passe. Au niveau du cerveau, c'est entre autres l'aire de Broca (zone du langage) qui est concernée. La victime apparaît mutique et statique : son cerveau ne pouvant lui fournir les indications ou informations nécessaires pour réagir, elle semble paralysée. Cet état de sidération peut s'installer ou revenir si un stimulus extérieur provoque le sentiment de répétition chez la victime qui n'a toujours pas pu analyser l'événement et y apporter une réponse.

Pour pouvoir continuer à vivre, la victime développe des réactions dissociatives souvent comparées à un trouble de l'identité. Elle parle d'elle-même « comme d'une autre » : c'est une dépersonnalisation, une dissociation (ou désagrégation mentale) qui crée une impossibilité d'être en accord émotionnel avec soi. La victime peut également développer un état de stress post-traumatique

(ESPT)[1], dont les symptômes les plus fréquents sont la récurrence de cauchemars, flash-back et reviviscences, les troubles du sommeil, les conduites à risque avec comorbidité (alcoolisme, comportements obsessionnels par exemple), le trouble anxieux généralisé, la dépression.

Les facultés de concentration et d'attention sont atteintes ; la victime perd ses repères spatio-temporels, ainsi que son intérêt pour des activités pourtant source de plaisir. Elle s'éloigne de personnes ou de lieux habituellement fréquentés et appréciés. Cet éloignement ou ce désinvestissement constituent un mécanisme d'évitement classique qui permet de ne pas se confronter à la situation traumatique ou à une situation similaire, mais qui conduit peu à peu à l'isolement social.

---

1. Cet état traumatique a été constaté et étudié sur les vétérans de la guerre du Vietnam. Il a par la suite été observé que les symptômes de ce trouble se retrouvent également chez les victimes d'attentat, de viol ou de violence conjugale. Un ESPT peut ainsi découler d'un acte de guerre ou d'un acte terroriste, qu'il soit étatique, physique ou psychique. On note également que les témoins (par exemple d'attentats) peuvent développer les mêmes troubles ; les enfants témoins de la violence conjugale sont tout autant victimes puisque potentiellement sujets à un ESPT.

L'effet *addict*

Manque et perte de contrôle

Ceux qui n'ont pas connu la violence psychologique ne connaissent pas non plus la violence de l'addiction[1] à l'autre. Devoir rendre des comptes en permanence, être scruté(e) sans un instant de répit, être perpétuellement sur ses gardes, avoir l'esprit constamment hanté par l'autre pour chercher à le satisfaire et éviter des remarques interdit complètement de penser à soi. Les victimes ne font plus rien pour elles-mêmes. Tout est conditionné, contrôlé, soupesé avant d'être agi.

La rupture ne met pas fin au lavage de cerveau. Après la séparation, les victimes se retrouvent face à un vide effrayant. L'emprisonneur manque. Ce manque va au-delà de la dépendance à l'autre. Sans les coups verbaux ou physiques, la terreur devrait disparaître. Pourtant elle demeure. Les victimes entendent : «Tu dois te sentir soulagé(e) ! Tu dois revivre ! Tu vas enfin être heureux(se) ! » Elles le pensent ou essaient d'y croire sans y arriver réellement. Il persiste un malaise subtil, bien présent sans être quotidien. Ce malaise se transforme en peur de la solitude. Les tiers ne le comprennent pas.

Au-delà de la solitude, le sentiment d'une existence vaine et inutile remonte par vagues et vient les écraser, les empêchant de dormir,

---

1. Il s'agit bien d'une addiction : comme un drogué, une victime va rechercher son «shoot», tout en sachant qu'il est toxique et qu'elle peut en mourir. Mais elle ne sait pas vivre sans et s'en pense incapable. Parallèlement, ce «shoot» lui permet de ne pas affronter une réalité douloureuse. Elle cherche à éteindre une souffrance en en perpétuant une autre.

de manger, de respirer. Il supprime l'accès au plaisir et au désir, les efforts et les petites réussites de la victime, pour tout engloutir dans un flot de pensées négatives. L'emprisonneur a bien travaillé : à convaincre sa victime qu'elle ne sert à rien, qu'elle n'est rien, celle-ci en a fait un dogme dont elle a du mal à se défaire.

Les victimes se sentent toujours poursuivies. Le stress reste présent et le moindre stimulus peut le réveiller. Tellement habituées à servir l'autre et à devoir se montrer redevables, les victimes ne savent plus vivre seules et sans contrôle. Beaucoup pensent alors et à tort être en « dépendance affective » – mais c'est une confusion, ce terme étant souvent employé de manière abusive. Elles se sont laissé convaincre qu'elles ne sont rien sans l'emprisonneur, si bien qu'elles espèrent et redoutent en même temps de le retrouver.

Sandrine a connu cette dépendance mortifère : « J'attendais le soir avec horreur, car il allait rentrer, sa surveillance allait reprendre, les ordres revenir, la violence recommencer. Horreur aussi, car je ne savais jamais dans quel état d'esprit il serait. Quand il était là, j'adaptais mon comportement pour le satisfaire et éviter des crises. Mais quand il n'était pas là, je doutais. De moi, de lui, de tout. Je ne pensais qu'à ça. J'étais obsédée et ne pouvais rien faire d'autre. Et comme j'étais sûre de ne servir à rien, je ne faisais plus rien. »

Ce manque révèle la fragilité de la victime. Infantilisée, elle ne sait pas prendre soin d'elle, ne sait plus à quel ordre ou consigne répondre, ne peut pas déterminer ses besoins et les satisfaire, ne s'autorise pas à prendre une décision et à l'assumer, à s'autonomiser.

La perception d'elle-même est impossible. C'est toujours une personne soumise à une autre et qui croit ne pas pouvoir exister sans cet autre.

Les manifestations neurologiques

L'emprise psychologique a les mêmes incidences que l'addiction. La personne est conditionnée à obéir de manière réflexe à un certain nombre de stimuli sensoriels, émotionnels et intellectuels. Ces conséquences neurologiques se traduisent dans le comportement de la victime. Les addictions (alcool, drogues, médicaments) constituent une réponse au manque, les endorphines n'étant plus activées en permanence ; l'apparent bien-être créé lors de leur activation est recherché. Par ailleurs, l'effet désinhibiteur de certaines substances ou encore le sentiment de ne plus ressentir de douleur physique renforcent la dépendance toxicologique et la croyance que seule l'addiction permet de supporter le traumatisme. Le risque suicidaire est démultiplié, tout comme les conduites d'évitement, la personne traumatisée ne pouvant réellement affronter et traiter en thérapie les troubles liés au traumatisme.

Le trauma substitue au fonctionnement normal du cerveau un autre, comparable à une dérivation dans un circuit électrique afin que l'événement traumatique ne soit pas insupportable. Mais, comme toute dérivation, il ne tient pas compte de toutes les zones du cerveau normalement activées. Et, comme pour tout circuit électrique ayant disjoncté, il faut une intervention extérieure pour permettre un éventuel retour à la normale.

Quelle que soit la situation de stress, anodine ou traumatisante, cinq hormones sont sécrétées :

- L'ACTH (hormone corticotrope ou adrénocorticotrophine) est sécrétée par l'hypophyse, une glande située à la base du cerveau. Son rôle est de stimuler les glandes surrénales, qui à leur tour libèrent le cortisol.
- Le cortisol a pour but de fournir au cerveau un apport en énergie suffisant pour faire face au stress. Il intervient notamment dans la régulation de la tension artérielle, de la fonction cardiovasculaire, de la fonction immunitaire.
- L'adrénaline prépare l'organisme à répondre au stress : le rythme cardiaque et la respiration s'accélèrent, la pression artérielle augmente.
- L'ocytocine intervient sur le comportement en société. Elle est communément appelée « hormone du bonheur ».
- La vasopressine permet de réguler les fonctions urinaires et la pression sanguine. Elle joue un rôle important dans la gestion de l'anxiété.

En cas de violence et de traumatisme, l'action des hormones du stress est à double tranchant. Elles sont des alliées tant qu'elles permettent d'agir et de se défendre contre un danger imminent. Les événements générateurs de stress ont un point commun : le sentiment de perdre tout contrôle. La réaction est identique, la victime ressent une menace de mort.

Le cerveau triunique

La théorie des trois cerveaux est un modèle introduit par le neurobiologiste Paul D. MacLean dans les années 1950-1960. Schématiquement, elle distingue trois zones en interaction dans le cerveau qui permettent à chaque individu d'effectuer ses apprentissages, d'élaborer des analyses, de mémoriser et de créer un système de valeurs et de réponses aux événements :

- Le système reptilien, lié au corps : il permet le déclenchement des réflexes et mouvements liés à la survie. Il apporte une réponse aux besoins fondamentaux. Il permet une association directe des réponses aux stimuli.
- Le système limbique, lié au cœur : il permet les émotions, stocke les apprentissages et mémorise. Il réagit au stress. Il retient et développe un système de valeurs. L'amygdale et l'hippocampe se situent dans le système limbique. L'amygdale a un rôle clé dans les réactions émotionnelles, les prises de décision et la mémoire ; l'hippocampe permet le stockage des souvenirs et des apprentissages, ainsi que des informations spatiales. Il est vulnérable au stress.
- Le néocortex est lié à l'esprit : il permet l'élaboration d'analyses, de pensées, de prises de décisions. Il est capable d'adaptation et de projection. Il contrôle, avec l'hippocampe, la réponse émotionnelle.

Lors d'un événement traumatique, le cerveau passe en «mode survie». Le fonctionnement normal du cerveau est interrompu. La personne est sidérée, paralysée : elle ne réagit pas, ce qui engendre honte et culpabilité.

L'adrénaline agit très rapidement. Elle augmente le rythme cardiaque, la pression artérielle et dilate les pupilles afin de faire face à la menace. L'élévation du rythme cardiaque et de la pression artérielle augmente la capacité musculaire. Cela se manifeste notamment par une libération accrue d'un neurotransmetteur appelé «noradrénaline», situé au niveau de l'amygdale. La deuxième hormone, le cortisol, agit principalement au niveau de l'hippocampe (région essentielle de la mémoire), de l'amygdale et du cortex préfrontal (région impliquée dans la régulation des émotions). Si le stress est trop important, le cortisol produit en grande quantité interrompt le fonctionnement normal de l'hippocampe. Le souvenir est emmagasiné mais sans pouvoir être analysé ; il demeure émotionnel.

Lorsque la tension est permanente ou répétée, l'adrénaline et le cortisol sont constamment sécrétés en grande quantité dans l'organisme. Le rythme cardiaque, la pression artérielle et le taux de sucre sanguin restent élevés. En réponse au stress, les cellules du corps sont insensibles à l'effet de l'insuline dont le rôle est de diminuer le taux de sucre sanguin. Le corps garde toute son énergie (le sucre) afin de se défendre. Quand l'organisme est contraint de produire adrénaline et cortisol jour après jour, il doit renouveler constamment ses réserves d'énergie. Il peut en emmagasiner sous forme de tissus adipeux autour de la taille.

Une concentration excessive de cortisol affecte le cerveau et provoque des troubles de la mémoire. S'il est constamment sollicité, le mécanisme de protection risque de s'épuiser et le cortisol peut venir à manquer, ce qui conduit à l'anxiété et à l'épuisement.

Les violences ou le danger extrêmes influent sur le cortex et l'hippocampe en les empêchant de se représenter et d'intégrer l'événement en fonction de connaissances précédemment acquises. Les amygdales sont sollicitées et la réponse émotionnelle reste maximale. Les taux d'adrénaline et de cortisol deviennent toxiques pour l'organisme – toxicité cardiaque et vasculaire pour l'adrénaline, toxicité neurologique pour le cortisol.

Afin d'éviter ces conséquences mortelles pour l'organisme, le cerveau sécrète des endorphines et des neuromédiateurs, dits « kétamine-like ». Le circuit limbique est arrêté, les amygdales déconnectées, la réponse émotionnelle est stoppée. Les endorphines étant analgésiques, la souffrance physique n'est pas ressentie. Le cortex, privé d'informations émotionnelles et physiques, traite le stimulus traumatique en lui donnant un aspect d'irréalité. C'est ce que l'on appelle la « mémoire traumatique[1] », qui garde le souvenir sans l'analyser. La victime ne parvient pas à se défaire du souvenir douloureux ; il devient obsédant, envahissant et perturbateur du quotidien. Le stress est omniprésent, se manifeste sous forme de cauchemars et amène à des conduites d'évitement.

La mémoire traumatique fixe et ne retient que les émotions liées à l'agression. Il y a mémoire de l'événement mais les émotions prédominent et sont invasives. Tout nouvel événement possiblement douloureux vient en écho au passé. Pour échapper à cette souffrance émotionnelle, des conduites d'évitement se mettent en place et le recours aux substances addictives ou à des conduites à risque répond au besoin de la victime de se déconnecter de ces émotions.

---

1. Les nombreux travaux de la psychiatre Muriel Salmona ont révélé cette mémoire traumatique et ses conséquences pour les victimes.

Il faut distinguer la mémoire traumatique de l'amnésie traumatique. L'amnésie traumatique s'apparente à une perte de mémoire et peut durer de longues années. Elle fait partie des symptômes de l'état de stress post-traumatique et est possiblement psychogène, c'est-à-dire génératrice d'une douleur physique dont l'origine est psychique[1]. Elle permet de protéger l'individu de la violence d'un souvenir qui ne peut être traité efficacement par le cerveau.

Comprendre la mémoire traumatique permet de répondre à cette question : « Pourquoi telle situation me fait-elle si mal ou si peur ? » Avoir conscience de l'amnésie traumatique soulage et retire le sentiment de devenir fou/folle lorsqu'aucun souvenir ne revient.

Isolement et désocialisation

L'emprisonneur fait en sorte que sa victime se retrouve seule. Il discrédite son entourage, qui se voit affublé des sept péchés capitaux. La victime obéissante se détourne, coupe les ponts ou repousse parfois violemment ceux qui lui tendent la main. Ainsi, elle ne risque pas d'être rejetée par son conjoint ou son parent, ni de perdre celui ou celle qui, selon elle, lui porte intérêt et amour.

Parallèlement, l'agresseur s'adresse à l'entourage et insiste sournoisement sur de prétendues difficultés psychiques de la victime,

---

1. Selon le docteur Alain Krotenberg, psychiatre aux urgences de l'hôpital Robert-Ballanger à Aulnay-sous-Bois, il y a des « bénéfices » à la douleur : « Avoir mal permet parfois d'exprimer ce que l'on n'ose pas dire ou d'éviter les situations difficiles à assumer, d'obtenir des gratifications affectives, d'attirer l'attention de ses proches ou encore d'expier un sentiment de culpabilité ou une agressivité larvée. » *Viva Magazine*, septembre 2005.

induisant qu'elle est malade, fragile, atteinte d'un trouble non visible mais destructeur, suicidaire. Adoptant le rôle de l'agressé, il assure « dire ça pour que d'autres ne souffrent jamais autant que lui ». Il se dit inquiet mais affirme avoir les ressources pour résister et aider la victime à se faire soigner. Il y a inversion des rôles : la victime se retrouve mise sur le banc des coupables et l'agresseur prend la place de la victime, suscitant compassion et intérêt. Tout cela, bien sûr, sans que la vraie victime ne le sache, ne puisse rétorquer ou se défendre contre le piège qui se referme sur elle. Petit à petit, les uns et les autres se détournent ou se lassent. Manipulés à leur tour, ils croient ce qu'ils entendent et fuient, ou au mieux s'éloignent de la victime.

Lorsque les victimes cherchent une oreille compatissante, il leur est répondu que « elles aussi devraient faire des efforts ». Lorsqu'elles se disent affaiblies, tendues, inquiètes, nerveuses, elles confortent sans le savoir les propos disqualifiants. Leur silence honteux confirme cette disqualification ; puisqu'elles ne se plaignent pas et ne disent rien, c'est qu'elles doivent être inconscientes d'aller mal ou ne pas avoir besoin d'aide.

Pour ne pas prendre parti, l'entourage se retranche derrière le principe selon lequel « une fois la porte fermée, on ne sait pas ce qui se passe chez les gens ». Les proches se retrouvent partagés entre deux discours radicalement différents. Ils abandonnent pour ne pas s'épuiser. Ceux qui restent sont démunis. Ils ont compris le machiavélisme mais la victime n'est pas prête à entendre ou refuse de le faire. Ils essaient d'intervenir mais se voient repoussés. Ils s'angoissent en voyant la victime sombrer. Ils doivent pourtant savoir que tant que la victime sent leur présence et même si elle la rejette, elle sait inconsciemment qu'elle pourra se tourner vers eux s'il ne lui est plus possible de faire autrement. S'ils s'éloignent, elle se sent abandonnée et sa soumission est alors totale et définitive. Les proches qui restent dans l'espoir de pouvoir aider sont des dommages collatéraux, ils sont eux aussi des victimes de l'emprisonneur.

Les parents de Juliette décrivent leur calvaire : «Nous voyons notre fille souffrir, décliner physiquement, se taire ou s'énerver dès que nous disons quelque chose. Nous n'avons le droit de lui poser aucune question et dès que nous prononçons le prénom de son mari, elle s'énerve. Elle a changé, s'est éloignée, elle est souvent malade et trouve toujours une bonne raison pour expliquer ses maladies, sa fatigue, ou pour ne pas nous voir. Nous avons même pensé qu'elle faisait une profonde dépression après la naissance de son fils. Nous avions de moins en moins de contact avec elle, il devenait difficile de la voir, de lui parler. Nous n'avons pas vu notre petit-fils avant ses 6 mois. Si nous ne prenons pas de nouvelles pour ne pas la déranger, elle finit toujours par nous le reprocher. C'est en écoutant une émission de radio que nous avons commencé à comprendre. Mais comment la sortir de cette emprise ? Comment l'aider ? Son mari semble si parfait, et elle, aujourd'hui, si fragile.»

Pour résister, la victime développe des mécanismes de défense et peut aller jusqu'à se couper du monde. Les mécanismes de défense[1] sont des constructions psychiques inconscientes protégeant de la souffrance et de l'angoisse. Or, l'isolement est angoissant. La victime

---

1. Le mécanisme de défense le plus connu est le refoulement, qui élimine du champ conscient des pans entiers de la vie affective et émotionnelle.

est dans l'évitement (de situations ou de personnes), un évitement souvent inconscient mais qui lui permet de ne pas se confronter à des stimuli auxquels elle ne sait pas répondre ou qui la font souffrir. Elle peut aussi mettre en place des stratégies d'adaptation. Cet arsenal psychique lui permet de résister aux exigences de la réalité ou de penser qu'elle les contrôle.

La victime apprend à vivre en se cachant. Elle développe un faux self et pense que la seule façon d'être acceptée de ses proches est, par exemple, de prendre soin des autres — on voit ainsi se développer un comportement de sauveur, communément appelé le « syndrome de l'infirmière ». La victime peut également devenir très critique et autoritaire — elle veut être « parfaite » pour prouver sa valeur.

La victime est très sensible aux remarques, qu'elle assimile à des humiliations ou à des jugements négatifs, et sa colère peut exploser. Elle est alors qualifiée d'hystérique par l'emprisonneur. Elle éloigne ses proches et casse les liens — ce qui augmente sa honte. Elle se met en danger, craint le réel et l'autre ; elle fuit devant les tiers, sûre de ne pas être comprise ou d'être jugée. Elle se réfugie dans un monde imaginaire et se coupe de toute réalité et responsabilité. Elle s'abstient de parler de ce qui la met mal à l'aise, elle s'isole, se rend invisible au milieu d'un groupe. Elle n'a pas de communications intimes. Elle retourne son agressivité contre elle. Elle se néglige et cherche implicitement à se faire du tort afin de justifier la violence vécue et par là même continuer à excuser la personne maltraitante. L'inhibition est très forte.

La victime sort alors des normes socialement admises, se retrouve seule. Or, ces comportements étant involontaires et inconscients, elle ne comprend pas pourquoi elle est isolée. Elle se le reproche mais le reproche aussi à l'entourage, et finit par le fuir, l'associant à l'emprisonneur – ce qui renforce encore son isolement.

Deuxième partie

Prisonniers familiaux

La fragilité
des rapports humains

Toute interaction sociale, tout rapport humain se construit sur un équilibre. Quand la notion d'altérité existe, l'autre est reconnu comme une personne à part entière, avec sa liberté d'opinion et sa liberté d'action. Lorsqu'il y a équilibre, la discussion se crée et les sentiments d'agression ou de soumission sont exclus. Même si elle peut parfois blesser, la communication permet de s'exprimer et d'entendre, sans prise de pouvoir, sans perte de liberté.

La violence psychologique fragilise les rapports humains. Les interactions sont faussées et reposent sur les notions de contrôle et de pouvoir, de dénigrement et d'humiliation, de harcèlement et de rejet. Mais, n'étant jamais clairement formulés, ces déséquilibres ne sont pas apparents. Et même ressentis, rien n'est jamais assez probant pour les dénoncer, rien ne semble envisageable pour y mettre un terme. Le seul équilibre réside dans cette fragilité et, paradoxalement, c'est cette fragilité qui maintient l'équilibre toxique.

Le faux «bon» parent

Afin de se construire, de s'individualiser et de développer une confiance en soi tout aussi nécessaire qu'équilibrante, l'enfant a besoin que soient rendus possibles trois éléments essentiels : l'attachement, le langage et l'interaction sociale.

La notion de «bon» parent est très souvent associée à l'apparent amour donné par un parent à son enfant. Encore faut-il savoir ce que l'on entend par «amour». Plutôt que de parler de «bons» parents, il faut considérer ces parents comme attentifs à respecter les besoins de leurs enfants et capables de s'adapter : ils commettent certainement des erreurs car ils sont humains, mais ils admettent ces erreurs et savent demander pardon.

Il faut donc connaître les besoins essentiels de l'enfant pour pouvoir y répondre, ce qui ne signifie pas être à sa disposition. Ne pas attacher d'importance à ces besoins, c'est créer volontairement ou non une insatisfaction et laisser se développer un comportement inadéquat.

Par ailleurs, il faut distinguer le besoin du désir. Laisser naître la possibilité de désirer, avoir donc accès à l'imaginaire et au symbolique est essentiel car permet la projection et l'élaboration. Si chaque désir est satisfait, l'enfant n'a pas accès à la frustration. Or, une saine frustration permet une interaction sociale équilibrée, sans impatience, sans urgence ni exigence, sans sentiment d'être incompris(e), brimé(e) ou maltraité(e).

Tout enfant a naturellement besoin de nourriture et d'hygiène. Il a également besoin de sommeil pour consolider ce qu'il apprend en étant éveillé. Les capacités du nouveau-né sont extrêmement vastes. Si elles ne sont pas mises en œuvre, respectées, ou si elles sont inhibées dans un contexte familial de stress et de violence, il sera en souffrance. L'enfant a également besoin de stabilité et de permanence. La violence psychologique naît de l'impermanence des paroles et des comportements, ce qui crée un lien insécurisant et déstabilisant. L'enfant qui n'a pas de repère ou qui ne les comprend pas va constamment les chercher, sans trouver de réponse favorable lui permettant de se construire sereinement.

Le lien relationnel et affectif, biologique ou non, est indispensable à la construction de l'enfant. Il relève de deux notions essentielles : l'attachement et le langage.

- **L'attachement** est un lien sélectif établi au départ de la vie de l'enfant avec un adulte. Cet adulte référent génère le sentiment de sécurité. La figure d'attachement principale est très généralement la mère, mais ce peut être aussi toute personne qui prend soin de lui de façon continue, constante, stable, chaleureuse – elle est surtout accessible lorsque l'enfant se sent inquiet. On distingue deux types d'attachement :
  – l'attachement sécure (le plus fréquent), considéré comme la norme : l'enfant proteste lors de la séparation et accueille avec plaisir sa mère au moment de son retour ;
  – l'attachement insécure, qui se divise lui-même en deux situations : insécure évitant (l'enfant paraît peu affecté par la séparation

et évite la proximité avec sa mère lors des retrouvailles) et insécure ambivalent ou résistant (l'enfant montre de la détresse lors de la séparation mais mélange contact et rejet lors de la réunion avec sa mère).

- **Le langage** quant à lui participe des rapports équilibrés entre parents et enfants. Car si «tout est langage[1]», tout ne peut être dit ou dit n'importe quand et à n'importe quel moment. Un enfant ne peut pas tout entendre, comme il ne peut pas tout dire. Mais il peut apprendre à dire et à écouter. Aussi, parler à son enfant, dire, expliquer, raconter permet à cet enfant d'élaborer petit à petit une relation à l'autre et au monde rassurante, protectrice et stable.

Des rapports équilibrés…

S'il faut retenir une idée essentielle du travail de Françoise Dolto, c'est que l'enfant est une personne. Cela implique de le considérer comme tel dès la naissance, de lui parler comme à un individu unique et singulier sans toutefois le confondre avec un adulte. Si le vocabulaire utilisé doit être fonction de l'âge de l'enfant, il s'agit de lui parler normalement et dès sa venue au monde. Pourquoi ne pas avoir avec lui un langage normal et décider implicitement qu'il ne peut apprendre ou comprendre ce qui lui est dit ? La plasticité du cerveau offre à l'enfant des ressources incroyables d'apprentissage, s'il est considéré comme capable d'apprendre et d'expérimenter dès son plus jeune âge. En revanche, ce qui est essentiel pour qu'il

---

1. Françoise Dolto, *Tout est langage*, Gallimard, 1987.

puisse effectuer positivement ces apprentissages est la mise en œuvre[1] de quatre éléments :

- son *attention*, ou stimulation de son intérêt pour une chose, une parole ou une action ;
- son *engagement*, en ayant une part active dans ce qu'il apprend ou développe ;
- un *retour* quant à ce qu'il produit : l'enfant a droit à l'erreur et son erreur ne devrait pas entraîner une sanction mais une explication qui la transforme en expérience non stressante ;
- la *consolidation* de ses acquis et leur intégration comme une réussite et une possibilité de réaliser d'autres expériences en s'appuyant sur ce qui est déjà connu.

Une mauvaise lecture des propos de Dolto a trop souvent conduit à un laxisme parental invalidant et handicapant pour l'enfant, que l'on peut rapprocher d'une forme de mauvais traitement puisque cet enfant ne peut acquérir aucune structure, aucun repère, et de fait ne peut pas entrer sereinement en interaction sociale. En effet, l'enfant n'a pas que des droits, l'adulte n'a pas que des obligations. L'enfant n'a pas à tout décider, le parent ne peut tout imposer. On ne peut pas demander à un enfant d'être à la même place qu'un parent puisqu'il est un être en devenir. Il doit savoir ce qui est possible et interdit, ce qui va constituer et renforcer sa personnalité. L'enfant peut être autonome, mais son autonomie se construit peu à peu et en fonction d'un cadre. Les parents doivent montrer le

---

1. Stanislas Dehaene, *Apprendre ! Les talents du cerveau, le défi des machines*, Odile Jacob, 2018.

chemin et l'enfant ne peut décider tout seul. Car une trop grande liberté et une autonomie sans repère comportent plusieurs risques : en faire un enfant roi ou un tyran, ou au contraire un enfant soumis et en difficulté. Un lien d'attachement dysfonctionnel découle du désinvestissement parental. L'enfant ne peut se situer, il va grandir comme une herbe folle en plein champ, sans être protégé des tempêtes ou sans oser profiter des rayons de soleil.

Lorsque chacun connaît sa place – c'est-à-dire peut en percevoir les bénéfices et les limites – et y est reconnu, les interactions peuvent s'installer et se dérouler sereinement. Ainsi, un parent qui fait preuve d'autorité tout autant que d'attention, de protection tout autant qu'il veille aux apprentissages de son enfant, qui sait donner un exemple sans en faire une loi, qui laisse un certain nombre d'expériences se faire tout en maintenant en sécurité, qui sait s'adapter à la personnalité de son enfant, est à sa place de parent et donne sa juste place à son enfant, tout en définissant ou élargissant le cadre et les repères en fonction de son âge et de ses intérêts.

Parce que la notion d'autorité est souvent mal interprétée et très mal utilisée, bien des enfants se construisent avec une mauvaise compréhension de ce qu'elle signifie : elle devient trop sévère, brimante, apeurante ou au contraire inutile, non protectrice, non rassurante. L'adulte qui a grandi avec une vision déformée de l'autorité n'y voit que contraintes et interdits et n'est pas capable de percevoir ses bienfaits et ses contours protecteurs.

Au-delà de l'attachement et du langage, deux éléments sont également nécessaires pour une construction sereine de l'individu : sa valorisation, et comme nous l'avons dit plus haut, l'apprentissage de la frustration. S'il est plus facile de dire «oui» que «non», s'il est parfois difficile pour tout parent de contrôler sa fatigue ou ses émotions, il est préférable de ne pas céder à la paresse ou au découragement. L'une et l'autre laissent la place au laxisme ou à une colère inappropriée, peu sécurisante, déstabilisante pour l'enfant, et qui fragilisent le lien. Enfin, l'enfant étant doué de parole comme le parent, il est important de la lui donner, de lui demander son avis, de lui proposer de construire ses opinions et de les exposer. Il ne s'agit pas pour les parents de tout accepter de leur enfant, mais de construire la possibilité de dialogues réfléchis, apaisants, où chacun se sent libre de parler et d'exister.

… et équilibrants

Lorsque les rapports sont équilibrants pour les enfants et les parents, les parents ne voient pas en leurs enfants des consolateurs ou des confidents, des faire-valoir ou des défouloirs. Les enfants savent qu'ils peuvent compter sur leurs parents, qu'ils peuvent se confier, mais également qu'ils peuvent s'en séparer et s'en éloigner sans conflit, ce qui leur permet de devenir autonomes et adultes. Les uns et les autres reconnaissent ce qu'ils se doivent, apprécient les réussites, admettent les erreurs, se regardent comme des êtres humains à part entière, imparfaits, en perpétuel changement. Un attachement sécure est le fondement de cette relation parent-enfant. Si elle peut parfois être accidentée, si des incompréhensions ou des disputes peuvent apparaître, il demeure une continuité bienveillante dans la relation. Les désaccords peuvent se régler et surtout ne laissent ni grande blessure, ni profonde cicatrice, ni interdiction d'être et de ressentir.

Lorsqu'une rupture, un dysfonctionnement ou une désorganisation apparaissent dans un système familial structuré, chacun y prend part et interagit. Des émotions sont activées, comme la tristesse ou la peur, ou encore l'anxiété. Le stress est considéré comme un phénomène normal dans certaines situations qui soit demandent une réaction immédiate (accident par exemple), soit n'ont pas de réponse immédiate mais jouent sur les ressentis de manière négative.

Ainsi, dans ce type de schéma familial, dire «oui» ou «non» est possible, accepter l'autre sans tout accepter est réalisable, exprimer sa personnalité, ses attentes, ses désirs et sa créativité est normal sans que cela ne devienne un ordre ou un empêchement. Quand la violence psychologique intervient presque comme une personne supplémentaire tant elle est présente, les rapports deviennent asymétriques, faussés, troubles et dysfonctionnels. Le malaise devient permanent même s'il est impalpable. Le respect et la place à part entière de chacun en tant qu'individu au sein de la famille sont alors impossibles.

L'enfant maltraité

La violence psychologique fait de la structure familiale une geôle où l'enfant est retenu prisonnier. Ce que l'enfant pourrait révéler de honteux ou de misérable sur sa famille ou ses parents doit être absolument tu ou ignoré. L'enfant naît dépendant et, ne pouvant subvenir à ses besoins vitaux sans un adulte, il ne peut grandir sans soutien. Il est indispensable pour lui de manger, boire, dormir… mais aussi d'être dans un échange affectif rassurant et constructif. L'enfant ressent très vite la protection ou le rejet, l'intérêt ou l'indifférence. Ce qu'il ne sait pas, c'est qu'il peut devenir une victime et être enfermé dans des interdits.

L'enfant ose difficilement être critique puisqu'il se doit en principe de respecter ceux qui l'ont mis au monde et les protéger contre toute atteinte à leur image. Il va trouver à son ou ses parents toutes les excuses possibles. Si un tiers se mêle de porter un jugement, il efface sa souffrance afin de pouvoir défendre son parent. Or taire sa souffrance l'enferme dans cet état d'enfant dressé à obéir et à baisser honteusement la tête pour des fautes reprochées quotidiennement – à l'égard de règles tenues volontairement secrètes.

Au nom du devoir filial

Incapacité éducative des parents, manque de repères, violence contenue qui devient claire : l'enfant met malgré lui en lumière un dysfonctionnement parental ou familial. De nombreux enfants sont privés par leurs parents de protection, de sécurité et d'amour, car ils sont conçus pour panser ou réparer un couple en rupture ; ou bien ils sont non désirés, rejetés car différents, ou miroirs de l'ego d'un parent. Tous ces enfants qui ne sont pas considérés pour ce qu'ils sont mais pour ce qu'ils doivent être pour leurs parents sont potentiellement victimes.

Le souffre-douleur

Folcoche[1], mère (ou père) incapable d'aimer, ne distribuant que menaces, punitions et mépris, n'est pas seulement l'un des personnages les plus célèbres de *Vipère au poing* (1948), l'œuvre d'Hervé Bazin. Folcoche existe bel et bien. Elle (ou il) dirige et oblige le reste de la famille à adopter un comportement toxique vis-à-vis de l'un de ses membres. L'enfant devient l'objet de tous les reproches et le coupable désigné – appelé encore « patient désigné[2] ». Au moindre problème, à la moindre difficulté, aussi anodins soient-ils, c'est cet

---

1. Ce surnom utilisé par Brasse-Bouillon dans *Vipère au poing* est une contraction de « folle » et de « cochonne » – c'est ainsi que cet enfant voyait sa mère.

2. Le « patient désigné » porte les symptômes d'un système dysfonctionnel, il y a donc pleinement sa place et un rôle à jouer. S'il vient à modifier ses comportements et ses relations aux autres dans le foyer, c'est l'équilibre familial en son entier qui est en danger.

enfant qui est accusé d'être la cause de tout. Et la mauvaise foi tout comme les exigences du parent malveillant étant sans limites, les reproches ne cessent jamais.

«Tu es ma pire ennemie!» Comment un enfant peut-il comprendre cette phrase, lorsque c'est sa propre mère qui la prononce? «Si tu savais comme je suis malheureuse! Comme j'ai besoin de toi! Je ne supporterais pas que tu me quittes!» Ces réflexions ne sont rien de plus que des mots d'ordre infligés à l'enfant, que l'on peut traduire ainsi : «Je t'ai mis au monde, tu as le devoir d'être avec moi, car je souffre. Tu dois m'aider à aller bien. Si tu me quittes, tu deviens coupable de mon malheur. Il ne faut pas me laisser, sinon j'en crèverai. Je ne mérite pas que tu m'abandonnes.»

Le souffre-douleur sera non seulement le bouc émissaire du parent mais aussi celui de toute la famille, dressée et complice inconsciente dans ce schéma de maltraitance. La fratrie se retourne contre l'enfant maltraité et prend fait et cause pour le parent. Le parent qui n'intervient pas par absence, aveuglement, soumission ou lâcheté est au moins complice, si ce n'est coupable.

La violence éducative ordinaire en question

Les campagnes contre la violence éducative ordinaire (VEO) ont sans aucun doute alerté l'opinion publique. Une loi visant à interdire la fessée et à faire entrer cette interdiction dans le Code civil est actuellement en débat. Au-delà de la fessée (et de tout châtiment corporel), il faut considérer les ravages causés par des phrases répétées telles que «Tu es nul», «Tu es grosse», «Tu n'arriveras jamais à rien». Cette violence utilisée sous couvert d'éducation est communément tolérée et se manifeste tant de manière physique que de manière psychologique – il faut noter que le laxisme est considéré comme une violence éducative. Elle révèle le plus souvent une incapacité ou une frustration chez le parent qui ne sait pas comment maintenir un cadre ou n'en voit pas l'utilité. En faisant usage de cette violence, le parent ancre des croyances et crée des perturbations neuronales chez son enfant. De plus, cette violence ouvre la porte au harcèlement et à la reproduction de comportements maltraitants.

Que ce soit consciemment ou non, qu'il s'agisse de répétition de schémas familiaux ou d'accident de parcours, les conséquences sur les enfants maltraités sont toujours dramatiques. Cette relation est extrêmement destructrice sur le plan psychologique. L'enfant tentera tout ce qui est possible pour trouver l'amour de son géniteur, mais, la tâche étant ardue voire impossible, il sera toujours en échec et toujours blâmé.

L'enfant objet

Certains parents s'accaparent leur enfant comme un objet, le dépersonnalisent, le transforment en trophée, exigent la réussite dans tous les domaines. Ils ne seront jamais de «bons» parents. Ils n'agissent pas dans l'intérêt de leur enfant mais de manière égocentrée, dans leur unique intérêt et pour leur unique valorisation. En ne respectant pas la personnalité et la nécessaire individuation de l'enfant, en lui imposant par la contrainte et/ou la menace de faire ce qu'il attend d'un «bon» enfant, ce parent est toxique. Ces enfants «fils de» ou «filles de» sont condamnés à réussir, à servir leurs parents, à les écouter et à se sacrifier. Ils sont utilisés par leurs parents pour réparer une faille narcissique, un manque d'affirmation, un besoin de protection, un manque affectif, une immaturité, un besoin de consolation... Ces enfants vont satisfaire un besoin de reconnaissance chez leurs parents, sans jamais en recevoir.

Le danger pour ces enfants est de devenir des adultes tyrans. Ils exigent implicitement de leur entourage un comportement équivalent à celui de leurs parents et cette exigence peut les mettre en difficulté et même en danger : s'ils ne reçoivent pas de réponse en adéquation avec leur demande, ils se sentent rejetés, non reconnus, et finissent par repousser ce qui peut n'être que bienveillance et rapports équilibrés dans une relation adulte.

«J'ai toujours été une excellente élève. Mon père exigeait que je sois la meilleure. J'étais aussi perfectionniste qu'il était exigeant. Il passait sa vie à me comparer aux enfants des "autres". Je n'étais jamais au repos. Tous les dimanches, j'étais obligée d'aller dans son bureau pour réciter toutes mes leçons de la semaine. La remise des bulletins m'angoissait énormément. Si les notes ne lui convenaient pas, j'avais des heures de travail supplémentaires, même si mes professeurs avaient mis de bons commentaires. La veille du bac, j'ai craqué. Je n'y suis pas allée. J'avais trop peur de rater, de le décevoir. J'ai fait une dépression. Mon père n'est jamais venu me voir pendant mon hospitalisation. Quand je suis rentrée à la maison, il ne m'a pas dit un mot, il ne m'a même pas regardée.» Sabine n'a jamais passé le baccalauréat et son père ne lui a plus adressé la parole.

L'enfant victime de violences psychologiques est interdit de grandir. Son droit à l'existence lui est refusé par l'adulte. C'est en quelque sorte un meurtre psychique : l'enfant n'est rien ou ne sera bientôt plus rien. Il intègre un sentiment d'inutilité. Sans contre-point et n'en parlant pas, il ne peut pas comprendre que ce n'est pas « normal ».

Le conflit de loyauté et le déni parental

Le conflit de loyauté

Le conflit de loyauté est un conflit intrapsychique né de l'impossibilité de choisir entre deux situations ou deux personnes. Ce choix concerne le plus souvent l'affection ou ce que nous croyons être de l'affection pour des personnes qui nous sont chères. Le conflit de loyauté peut se traduire ainsi : « Si je choisis X, cela signifie que je rejette Y. Et inversement, si je choisis Y, cela signifie que je rejette X. Comme c'est insupportable, je ne peux pas choisir. Comme je ne peux pas choisir, je me sens toujours coupable. » Les enfants élaborent un schéma paradoxal en voulant simultanément se protéger et protéger leurs deux parents. Ce qu'ils vont vivre chez l'un, ils le tairont chez l'autre, non pour faire des secrets mais pour éviter au parent absent des souffrances supplémentaires. Ils apprennent à se taire. Ce n'est pas par dissimulation mais par nécessité de se créer une bulle qu'ils pensent inviolable, dans laquelle leurs parents n'entrent pas et à l'intérieur de laquelle rien ne peut les atteindre.

Son élaboration se manifeste lorsque l'un des deux parents veut le contrôle sur son conjoint et sa famille, par souci de posséder ou de se venger. Ce parent va manipuler et instrumentaliser son entourage et en tout premier lieu son enfant, créant un sentiment d'insécurité, laissant croire à un manque d'amour ou à une mise en danger par l'autre parent, obligeant à tout dire et interdisant chez l'enfant son individualité, sa liberté d'opinion et son jardin secret.

Le conflit de loyauté est un trouble majeur auquel se trouvent confrontés bon nombre d'enfants de parents qui s'opposent violemment ou se sont séparés de manière très conflictuelle. Devant s'adapter entre les désirs du père et de la mère, entre les injonctions et interdictions diverses et parfois contradictoires de ceux-ci, ces enfants sont pris en tenaille et ne savent qui croire ni comment se comporter. Comme dans tout conflit psychique, l'enfant ne peut plus se positionner entre ses désirs et ses devoirs. Le conflit de loyauté génère une maltraitance psychologique et une absence totale du respect dû à l'enfant, constamment ballotté entre deux positions totalement contradictoires.

Le déni parental

Dans le cas du déni parental, l'enfant est instrumentalisé par l'un des deux parents qui mettra en œuvre toute une série de comportements, d'agissements et de manipulations de pensée, afin de conduire l'enfant à ne plus voir l'autre parent, à ne plus vouloir le voir, à ne pas communiquer avec lui, à le rejeter et le critiquer. La souffrance de l'enfant est bien plus terrifiante que celle de l'autre parent qui cherche à se protéger et à protéger son enfant. Contraint de dénigrer, de repousser voire de nier son parent, il est amené à désavouer cette part de lui. Car, quels qu'ils soient, il y a bien et toujours deux parents ; et l'enfant sait instinctivement qu'étant le fruit de ces deux parents, il y a forcément en lui une part de chacun d'eux. Ne jamais informer l'autre parent de quoi que ce soit (école, rendez-vous médicaux, vacances, déménagement…), ne jamais l'interroger sur ses souhaits pour l'enfant, s'opposer systématiquement à toutes ses décisions, ignorer son existence, c'est bien l'exclure de la vie de l'enfant.

Il est à préciser qu'on ne peut considérer toute parole, acte, ou geste critique comme du déni parental ou de la maltraitance. Si un couple se sépare, chacun traverse une période émotionnellement difficile, faite de doutes, de tristesse, de colère, de regrets ; et durant cette période, chaque parent peut se montrer involontairement disqualifiant dans ses propos vis-à-vis de l'autre parent. Le déni parental repose sur la volonté délibérée de nuire à l'autre parent. Il va donc bien au-delà des émotions mais a un objectif précis : faire disparaître l'autre parent de la vie de son enfant – et le temps n'apaise rien.

Ces pères qui accusent

En justice, un parent victime de la violence psychologique de son (ancien) conjoint se voit souvent accusé de « syndrome d'aliénation parentale » (SAP). Ce syndrome n'est reconnu par aucune classification officielle. Il est utilisé afin de discréditer totalement un parent, essentiellement les mères, et verrouille la pensée des tiers. Les mères se retrouvent accusées de mentir, d'inventer une maltraitance paternelle (souvent réelle), d'éloigner délibérément les enfants pour se les approprier et rompre complètement le lien avec le père. Or cette accusation de SAP portée par les pères est en fait révélatrice de leur propre maltraitance consciencieusement dissimulée et ignorée.

Habiles à produire de fausses pièces et attestations, ces pères accusateurs sont souvent crus, créant un nouveau danger pour les enfants et empêchant les mères de se défendre et de les protéger.

Dans la même idée d'accusations mensongères aux fins de prolonger la violence et nuire aux mères, un autre syndrome est utilisé par les pères : le syndrome de Münchhausen par procuration[1]. Certains parents porteurs de ce syndrome font acte de maltraitance physique réelle et parfois mortelle. Mais certaines mères se retrouvent accusées de ce syndrome car elles veulent protéger leurs enfants et permettre une prise en charge indispensable, particulièrement lorsqu'ils souffrent d'un handicap[2]. Face à elles, le conjoint violent soutient qu'il n'y a ni handicap ni fragilité, que la mère est déséquilibrée et qu'elle cherche à obtenir de la justice la garde des enfants, ou pire encore, un placement. Afin de soutenir ses allégations, le père peut aller jusqu'à laisser planer un doute incestuel, incestueux, ou une appropriation psychique malsaine de l'enfant par la mère.

Lorsqu'il y a déni parental, l'enfant devient graduellement captif de la pensée du parent maltraitant. Il y adhère et véhicule à propos de l'autre parent des allégations insensées pouvant faire douter le professionnel sur la capacité parentale de l'adulte mis en cause. Dans

---

1. Les personnes qui souffrent du syndrome de Münchhausen par procuration provoquent l'apparition de tous les symptômes physiques d'une maladie chez un enfant afin d'attirer sur elles l'attention des médecins et des soignants. Ce syndrome est excessivement rare et ne peut être utilisé comme explication ou justification d'un comportement non diagnostiqué, et encore moins être banalisé au profit de personnalités manipulatrices.
2. On retrouve fréquemment cette accusation de SMPP dans des cas d'enfants autistes ou IMC (infirmité motrice cérébrale).

tous les cas, l'enfant est exposé à des dangers menaçant son équilibre et l'évolution de sa personnalité. Ces enfants, parfois appelés «enfants soldats», sont manipulés et répètent ce qui est entendu pour conserver l'amour, ou ce qu'ils croient être l'amour de ce parent défaillant. Ils permettent involontairement à la toxicité et la violence vécue de continuer. Qu'il s'agisse d'un enfant unique ou d'une fratrie, il est exigé de lui respect et obéissance totale à un parent. L'enfant peut alors rompre avec son autre parent, sa fratrie, la famille et croit tout ce qui lui est dit. Parce qu'il a peur de perdre l'amour d'un parent, il lui est dévoué, parfois totalement. Il a la conviction de le faire délibérément, ne perçoit pas la manipulation et adopte des comportements cruels et dangereux, tant pour sa famille que pour lui-même.

Le parent maltraité, par souci de protéger son enfant, par honte de ce qu'il vit ou a vécu, par besoin d'oublier, ne va pas oser se raconter devant un avocat puis devant un juge. Il s'attache à respecter la notion de «parent». Il ne se positionne pas et interdit sans le vouloir à son enfant de se positionner à son tour. Celui-ci n'a plus accès qu'à une vérité tronquée. Et pour pouvoir s'attacher à une réalité, même faussée, l'enfant écoute la seule parole qu'il reçoit : celle du parent maltraitant.

Protéger son enfant, c'est aussi lui dire la vérité. Les secrets, les silences, les omissions tuent. Le parent maltraitant n'hésite pas à porter les pires accusations et invente les pires mensonges afin de discréditer l'autre parent. Cela se retourne non seulement contre le parent accusé mais également contre l'enfant qui risque d'être séparé de son parent bienveillant.

Sophie vit cette rupture avec sa fille depuis sa séparation. «Quand j'ai demandé le divorce, j'avais tellement peur qu'il me fasse vivre l'enfer! Et j'avais raison. J'avais la garde de ma fille, elle avait 11 ans. Quand elle était chez moi, elle devenait méchante et distante. Elle disait que c'était à cause de moi si son père était triste, si elle n'était plus avec lui tous les jours. Elle revenait de chez lui toujours très gâtée. Je n'avais pas les moyens de lui donner autant. Elle a arrêté de me parler, elle faisait le mur, elle s'est mise à fumer, elle me disait que j'étais la cause de tous ses malheurs, que son père était génial. Jusqu'à ce qu'elle décide d'aller chez lui. Lorsqu'elle est partie, j'ai fait une procédure, j'ai voulu lui parler. Elle refusait de me voir. Je savais qu'elle était manipulée et qu'il la détruisait. J'ai été convoquée au commissariat. Il avait porté plainte pour maltraitance. Il a obtenu de faux témoignages, il a fait dire par ma fille que je la frappais. Le juge des enfants a décidé d'une aide éducative en milieu ouvert (AEMO). Les assistantes sociales ont dit dans leur rapport que ma fille allait très bien et qu'elle avait le droit d'être en froid avec moi, que ça répondait à sa construction d'adolescente et à sa demande de détachement et d'individuation. Il a fallu trois ans pour que je puisse la voir, à sa demande, un après-midi par mois. Elle est toujours aussi violente avec moi. Quand je la vois, je ne vois qu'une ennemie.»

Les secrets de famille

Avoir un «jardin secret» est nécessaire à l'intimité, il permet de s'évader en étant conscient de cette évasion. Les manipulateurs cherchent à le forcer pour pénétrer et détruire la pensée et la personnalité de leurs victimes. Un parent ou un conjoint toxique dira par exemple à son enfant ou à sa compagne : «Nous ne devons pas avoir de secret l'un pour l'autre... Tu peux tout me dire.» Et il assure son propos avec une argumentation fallacieuse : «C'est au nom de l'amour que je te le dis.» Il nie alors l'individualité de son interlocuteur.

Quant aux secrets de famille – ces histoires tues et qui tuent parfois sur plusieurs générations –, ils sont nocifs et contribuent à l'enfermement psychique. «On ne parle pas de corde dans la maison d'un pendu.» Un secret de famille crée une omerta concernant un fait daté dont les acteurs sont connus. Ce secret devient douloureux pour l'enfant qui le pressent sans le connaître. Ce qu'il comprend, c'est qu'il existe une réalité à laquelle il n'a pas accès, une histoire qui appartient à sa propre histoire mais qu'il lui est interdit de posséder. Le secret se transmet de manière inconsciente, par des expressions, des gestes et des comportements, des coutumes familiales qui passent de génération en génération, des réflexions (telles que «C'était il y a longtemps, à quoi ça sert d'en parler?»), des répétitions de comportements sans raison apparente.

Quand Martine a découvert l'origine de son prénom, elle a compris d'où venait la violence de sa mère à son égard : «Je sais ! Je sais qui est Martine ! C'était la petite sœur de ma mère. Elle avait quelques semaines quand elle est morte. Un soir ma mère était seule avec elle. Elle devait surveiller le bébé, mais il est mort dans son sommeil avant que mes grands-parents ne rentrent. Ma grand-mère lui a dit que c'était de sa faute. Quand je suis née, ma grand-mère a dit que je devais m'appeler Martine, pour rendre mémoire à ma tante. C'est une cousine de ma mère qui me l'a dit cette semaine. C'est pour ça que ma mère déteste mon prénom. C'est pour ça qu'elle me déteste. Elle me déteste parce qu'elle voit le bébé mort et que je lui rappelle qu'elle n'a pas su protéger sa petite sœur.»

Les secrets de famille sont le plus souvent empreints de souffrance. Deuil, abandon, perte, rupture sociale, suicide, alcoolisme… On leur attache le poids de la honte. Ce n'est pas à une personne de supporter cette honte mais à une famille entière. Pour se protéger, la famille va tacitement développer une loyauté envers ses ancêtres et taire l'événement douloureux, jusqu'à ce qu'il semble ne plus avoir existé. Or un enfant qui perçoit que quelque chose est tu va l'imaginer et l'amplifier. Il est en quête de vérité. Celle qu'il devine est souvent bien pire que la « vraie » vérité. Ce qui ressort à chaque fois, c'est un traumatisme qui se transmet de génération en génération tel un fantôme, pour venir hanter celui ou celle qui le vit sans qu'il ou elle en connaisse la cause.

Pourquoi ces secrets sont-ils si lourds et en quoi deviennent-ils toxiques pour ceux qui les subissent ? Parce qu'ils génèrent incompréhension, doute, résurgence du traumatisme. L'enfant ressent de manière intuitive quelque chose d'anormal ou de mystérieux. Ne trouvant aucune réponse à ses questions, n'ayant personne à qui s'adresser, il refoule ses interrogations et se sent coupable d'être mal à l'aise ou en demande de réponse. Apparaissent alors des manifestations psychiques de ce traumatisme fantomatique, comme des angoisses, des obsessions et des TOC *a priori* sans raison.

L'incestuel, climat qui sous-tend l'inceste

L'incestuel, néologisme créé par Paul-Claude Racamier[1], détermine les relations troubles et malsaines dans une famille sans passage franc à des actes sexualisés. Il définit un climat délétère où la tension sexuelle est aussi indicible qu'indéniable. Celui qui la ressent – l'enfant – se sent coupable de la ressentir puisque tout semble « normal », que rien n'est clairement exprimé ou demandé.

Le climat incestuel est sous-jacent d'une relation incestueuse. L'enfant n'est pas différencié du parent. Les adultes se l'approprient et l'empêchent d'acquérir sa propre identité et son autonomie. L'atmosphère est saturée de sexualité latente et marquée de la plus grande pudibonderie. L'autorité n'y est pas reconnue, de même que l'altérité. Les enfants peuvent avoir à remplir telle ou telle fonction parentale. La confusion des identités est importante. Il n'y a pas de limites entre vie privée et vie familiale.

Les règles saines de fonctionnement de la famille ou la loi sociale ne sont pas intégrées. Il y a clivage entre le cœur et le corps, autodestruction, confusion des rôles familiaux, recherche de fusion avec l'autre. L'image sociale ou une totale inconscience empêchent la famille de voir ces traumatismes. Plus le nombre de ces critères sera présent, plus la famille est pathologique.

---

1. Paul-Claude Racamier (1924-1996), président de l'Institut de psychanalyse familiale et groupale, directeur de l'Institut de psychanalyse de Paris. Il a introduit en France la notion de pervers narcissique. Il a longuement étudié la question de l'incestuel et ses conséquences sur la construction psychique de l'enfant et de l'adolescent.

Claire a connu ces rapports intrusifs et néfastes psychiquement et dans sa construction sexuelle : «À 13 ans, je gérais la maison. Ma mère me parlait comme on parle à sa confidente, sa copine, sa complice. Elle refusait que je l'appelle "maman", je devais l'appeler par son prénom. Le mot "maman" ne m'est pas familier ; si l'on me parle de ma "maman", on me parle d'une étrangère. Rien ne gênait ma mère : elle me demandait de l'épiler, même le sexe. Elle me racontait ses aventures amoureuses. Souvent, je me bouchais les oreilles pour ne pas l'entendre gémir quand elle faisait l'amour et que j'étais juste à côté. Quand j'étais petite, mon père m'embrassait sur la bouche. Il essaie encore, mais aujourd'hui je recule. Ça me dégoûte. Ils me dégoûtent. Le sexe, le corps me dégoûtent. C'est sale. Je n'ai rien fait de ma vie. Je n'ai pas eu d'enfance. Je suis inexistante.»

L'enfant «parentifié» (ou «parentalisé») se retrouve à une place désignée par un adulte dans un but bien précis : panser (et penser), compenser, consoler, soigner. Il devient protecteur malgré lui d'un parent fragile, consolateur d'un parent malheureux, éducateur des frères et sœurs plus petits. Habitué à se sacrifier, il prend tout en charge, n'existe que vis-à-vis des autres et grâce à eux. Il est en dépendance et doit perpétuellement s'adapter, à ses dépens. Il évolue progressivement en devenant ce que l'adulte attend de lui et va tout faire pour se conformer à cette image. Il confond amour et intérêt et donne sans limites pour prolonger son sentiment d'exister.

Comme l'enfant parentifié, l'enfant victime de relations incestuelles subit des situations en décalage avec sa maturité affective et psychique. À l'âge adulte, l'autonomie est difficilement acquise car l'enfant appartient au(x) parent(s). Il reste infantilisé, sans droit ni possibilité de détachement. Il n'arrive pas à sortir de la fusion avec le(s) parent(s) incestueux.

Par exagération ou banalisation du terme, on entend dire que l'incestuel est partout. Ainsi, certaines mères se voient accusées d'être incestuelles car elles nourrissent au sein pendant plusieurs mois leur enfant ou pratiquent le peau-à-peau[1] pour le réconforter. Là encore se pose la question de l'intention et de la conscience : pour qui ces mères ont-elles un intérêt ? Est-ce pour leur enfant ou pour elles-mêmes au détriment de leur enfant ? De plus, il ne faut pas oublier la norme érigée par la société et ses lois : l'incestuel, c'est l'excès, l'anormal, l'interdit ; il nie les différences entre les sexes, les êtres et les générations. La confusion y est telle que ni l'adulte ni l'enfant ne peuvent établir des règles ou un cadre clair et explicable.

La banalisation des faits est un obstacle majeur à la possibilité de repérer l'incestuel. Elle est fréquente chez les parents manipulateurs qui tentent de faire passer pour normales, naturelles, des conduites ou des situations familiales dans lesquelles des liens incestuels sont à préserver à tout prix et qu'il faut soustraire à tout regard afin que le schéma familial instauré depuis longtemps puisse perdurer. L'entourage peut faire mine de ne pas voir. La négation de l'incestuel (comme celle de l'inceste) est ressentie par les victimes comme une deuxième trahison : d'une part, la

---

1. Le peau-à-peau, ou méthode kangourou, est recommandé pendant les premiers mois qui suivent la naissance. Cette méthode favorise l'attachement, développe la production de dopamine, d'ocytocine et d'endorphine, réduit le stress de l'enfant et de la mère.

protection attendue n'a pas été au rendez-vous ; d'autre part, une chape de culpabilité se met en place car la personne concernée pense avoir exagéré les faits.

L'incestuel est «un inceste sans passage à l'acte» qui s'attaque au psychisme de l'enfant, à son être, aux étapes de son développement. Il lui interdit le rêve et le devenir. L'inceste ou l'incestuel touchent toutes les catégories sociales sans exception.

Inceste et emprise narcissique

L'incestuel et l'inceste ont un point commun : tout inceste, physique ou moral, est d'abord une emprise narcissique. « Ce sont des affaires narcissiques avant d'être des affaires sexuelles. » (Paul-Claude Racamier). L'abus sexuel prend parfois la relève de l'abus narcissique. Dans l'incestuel, l'interdit social est remplacé par l'emprise et nie toute distance entre l'enfant et le parent.

L'inceste est la trahison suprême de la confiance qu'un enfant a pour son parent. Dans le nouveau cadre légal, il est défini comme «toute atteinte sexuelle commise sur un mineur par son ascendant, son oncle ou sa tante, son frère ou sa sœur, sa nièce ou son neveu, le conjoint ou le concubin de ces derniers, et le partenaire lié par un PACS avec l'une de ces personnes ».

L'équilibre de la famille incestueuse repose sur le secret, maintenu par des injonctions contradictoires enfermant dans la confusion psychique : «Nous sommes une famille exceptionnelle ; tu as bien de la chance, tu ne dois rien dire de ce qui se passe à la maison... » La levée du non-dit ferait exploser la famille et l'exposerait au regard de la société et de la loi ; cette conscience d'un danger maintient le silence. L'effraction psychique, physique et sexuelle est si intolérable et incompréhensible qu'un mécanisme neurologique s'installe afin de permettre à l'enfant de survivre : il oublie (c'est une amnésie traumatique). L'enfant abusé n'est plus une personne mais un objet. Sans regard bienveillant, sans protection ni compréhension, il est disqualifié. Si l'abuseur a rendu l'enfant responsable, sa honte et sa culpabilité seront renforcées. L'auteur de l'inceste ayant refoulé sa honte, elle se retrouve projetée sur la victime qui la porte à la place de son agresseur. La honte devient omniprésente, elle constitue le lien le plus tenace à la souffrance. La honte de tout enfant maltraité et son incapacité à la dire ne font que prolonger la souffrance à l'âge adulte[1].

1. Lire Vincent de Gaulejac, directeur du Laboratoire de changement social, professeur de sociologie à l'université de Paris-Diderot, membre fondateur de l'Institut international de sociologie clinique. Il est l'auteur de *Les Sources de la honte* (Desclée de Brouwer, 1996) et *Qui est « je » ?* (Le Seuil, 2009).

L'adulte en souffrance

Le cadre légal

Le Code pénal établit le délit de harcèlement moral au sein du couple : «Agissements répétés ayant pour conséquence une dégradation des conditions de vie, qui se manifeste par une altération de la santé physique ou mentale.» La loi du 9 juillet 2010 relative aux violences faites spécifiquement aux femmes, aux violences au sein des couples et aux incidences de ces dernières sur les enfants tend à l'amélioration de la protection des victimes de violence. Désormais, dans les textes, une ordonnance de protection (de la victime) peut être rendue par le juge aux affaires familiales ; l'auteur des violences peut être assigné à résidence sous le régime du placement sous surveillance électronique ; la sécurité juridique des personnes étrangères qui sont victimes de violences conjugales est améliorée ; l'accès au logement des personnes victimes de violences conjugales est facilité. La loi accentue également la répression des auteurs de violences faites aux femmes en introduisant la notion de violences psychologiques et en supprimant la présomption du consentement des époux à l'acte sexuel. Cette dernière mesure a été amplifiée par la loi du 3 août 2018 renforçant la lutte contre les violences sexuelles et sexistes.

Ce sont des messages forts destinés aux agresseurs. Messages forts mais ignorants de la réalité : pour les recevoir, encore faut-il se reconnaître auteur de violences et mettre un terme à ses comportements. Messages forts mais circonscrits : «Lorsque les violences exercées au sein du couple ou par un ancien conjoint, un ancien partenaire lié par un pacte civil de solidarité ou un ancien concubin mettent en danger la personne qui en est victime, un ou plusieurs enfants, le juge aux affaires familiales peut délivrer en urgence à cette dernière une ordonnance de protection[1].»

Les violences psychologiques au sein du couple sont reconnues comme potentiellement répréhensibles lorsqu'il y a altération de la santé physique ou mentale d'une personne définie comme victime et/ou de ses enfants. On se demande dès lors si les enfants sont eux aussi victimes ou simples témoins lorsqu'ils ne subissent presque aucun dommage, ne nécessitent aucune intervention ou protection particulière… On se demande aussi à quel moment et comment il devient possible de faire reconnaître une altération de la santé physique ou mentale et de la relier à des comportements psychologiquement violents. On se demande surtout si, à vouloir être aussi large que prudent, le législateur ne s'est pas contenté de satisfaire aux demandes répétées qui lui étaient transmises. Les éléments constitutifs de violence restent imprécis. Or, tant qu'elle

---

1. Loi du 9 juillet 2010 et article 515-9 du Code civil.

n'est pas établie, il faut se demander «à qui profite le crime»... Et dans les faits, les mesures légales sont bien moins souvent appliquées qu'il ne le faudrait, laissant les victimes en danger et les auteurs de violence impunis. Le droit entre dans l'intimité des familles pour défendre la victime d'un conjoint, partenaire ou concubin violent. L'intention est aussi juste que louable, mais le défi quasi insurmontable : le secret des violences et pressions psychologiques au sein du couple serait révélé, or le risque de divulgation publique fait craindre des représailles plus violentes encore. Le recours au juge intervient nécessairement tardivement.

Ce manque de clarté laisse un doute bien particulier chez la victime. L'est-elle vraiment ? Et comment va-t-elle le prouver ? Déjà en très grande souffrance, elle est encore obligée de se défendre et de se justifier. C'est ainsi que certaines se retrouvent mises en accusation : «C'est de ta faute, tu l'as bien cherché, tu aurais pu réagir avant, de quoi te plains-tu ? Ta vie n'est tout de même pas si difficile que ça...» Parce que les victimes ne savent pas comment prouver la violence psychologique, ne savent pas comment l'exprimer et n'arrivent pas à se faire comprendre par les personnes auxquelles elles s'adressent, elles subissent une violence sociale déjà évoquée : la double peine constituée par la maltraitance de l'agresseur et l'incompréhension des tiers. La définition légale de la violence psychologique au sein du couple est donc encore trop floue pour qu'une victime s'y reconnaisse, pour qu'elle se sente en droit de porter plainte.

Violence objective, violence subjective

La distinction entre violence objective ou subjective est implicitement inscrite dans le Code civil et dans le Code pénal, et communément admise.

- La violence objective existe lorsque la société ou la communauté peuvent, de façon unanime, condamner un acte en s'appuyant sur un texte légal ou réglementaire. Les éléments constitutifs d'un délit ou d'un crime sont répertoriés dans le texte. S'il demeure toujours la nécessité de regrouper des preuves, les éléments constitutifs de preuve sont prédéterminés.
- La violence subjective est ressentie par la victime, qu'elle en ait conscience ou pas, qu'elle puisse ou non la verbaliser. Les actes violents pour tel individu ne le sont pas pour tel autre. Il faut alors considérer les limites individuelles, les valeurs personnelles, l'estime de soi. Lorsque la violence est subjective, elle dissimule souvent d'autres actes bien plus violents mais que la victime refuse de voir comme tels.

Cette nuance entre « objectif » et « subjectif » fait parfois dire à une victime : « Finalement, ce que je vis n'est pas si grave quand j'écoute les autres raconter leur histoire. Je n'ai pas de raison de me plaindre ; pour les autres, c'est bien pire, et ça dure depuis bien plus longtemps… » C'est une erreur. La souffrance est individuelle, elle est propre à chacun. Comme la douleur physique, elle ne peut être ni jugée ni évaluée, si ce n'est par celui ou celle qui la subit. Se comparer à d'autres augmente la culpabilité de la victime et renforce sa soumission face à son agresseur.

Le législateur n'a pas pris la peine de caractériser précisément la violence psychologique. Comme nous l'avons vu, cette violence s'exprime de bien des façons, pour bien des raisons, avec bien des conséquences pour la plupart aussi invisibles que douloureuses pour ceux qui la subissent. Les traumas liés à la violence ressurgissent à moyen et long terme. Parfois, de génération en génération, comme une marque de fabrique. « C'est une famille à problèmes ! » : belle excuse pour éviter d'y entrer, d'entendre, d'essayer de comprendre et, pourquoi pas, d'aider.

Se référer seulement au cadre légal ou réglementaire est insuffisant. Il est indispensable de considérer la personnalité et l'histoire de la victime et de sa famille, de s'attacher pleinement aux comportements subis, aux siens propres, à l'emprise à laquelle elle est soumise, à sa souffrance et à ses conséquences. Questionner la victime lui permet de reconstituer son histoire et de mettre en avant le processus de la violence psychologique, que ce soit dans la famille ou dans le couple.

De l'enfant proie à l'adulte victime

Les enfants victimes de maltraitance possèdent une vulnérabilité aiguë. Leur besoin d'être reconnus, protégés et aimés les empêche d'avoir le moindre recul, la moindre méfiance. Chaque signe qui leur est adressé est perçu comme une preuve de cette reconnaissance tant espérée sans qu'il ne leur soit possible d'analyser ou de s'opposer à ce qui ne leur convient pas. Habitués à obéir, à se taire, à devoir plaire et faire plaisir, ces enfants proies, sans construction individuelle, individuation ou défense, sans repère affectif ni lien d'attachement favorable à l'épanouissement et l'individuation, vont être enclins une fois adultes à écouter la première belle et bonne parole venue, sans poser aucune limite.

Pour un adulte à l'enfance dysfonctionnelle, le discours parental trop entendu va ressurgir comme un fantôme, empêchant toute réflexion et créant un conflit interne violent. Adulte, cette victime redevient enfant lorsqu'une demande ou une pression extérieure conditionnent sa relation affective à l'autre. Ne se faisant pas confiance, elle se comporte comme l'enfant qu'elle a été avec ses parents. L'enfant proie n'a pas de repères. Il lui a été empêché de se construire. Son champ émotionnel est dévasté. Il a reçu bien plus d'interdictions que d'autorisations, de contraintes que de libertés.

On ne peut parler des proies sans parler de prédateur. Selon le *Petit Robert*, un prédateur est un pillard, un homme qui vit de rapines. C'est également un animal qui se nourrit de proies. Quant à la proie, il s'agit d'un être vivant dont un prédateur s'empare pour le dévorer. Le prédateur doit faire face à une urgence vitale : se nourrir pour vivre. Il doit traquer, chasser et tuer ce qui va le rassasier. Il est question de subsistance et de survie, pour le prédateur comme pour la proie. Pour le prédateur, il s'agit de posséder et d'anéantir pour pouvoir vivre. Pour la proie, il s'agit de résister à la traque et à la mise à mort.

Pourquoi parler de prédateur et de proie lorsqu'il est question de violences psychologiques ? Parce que ces deux forces qui s'opposent, ces deux manières de survivre sont des fondements de la violence. Le fonctionnement d'un humain prédateur est comparable à celui d'un animal. Le prédateur se sert toujours d'une arme : animal, ce sont ses griffes ou ses crocs ; humain, ce sont ses mots et ses actes. Les animaux ne cherchent pas à tuer, ils répondent à leur instinct. La question de la conscience du bien et du mal n'existe pas. Il s'agit de survie, non de morale.

Le prédateur, en détruisant sa proie, devient son bourreau. Il n'existe pas sans la victime. Il lui faut la traquer et la capturer. Il est alors à la fois attirant et repoussant, sans que ce soit explicable par la proie. Le prédateur engendre dans le même temps la fascination et le malaise. Mais la fascination prend le pas sur ce malaise. Et c'est souvent longtemps après qu'une victime s'en souvient.

La proie s'accroche avec un espoir terrible en pensant que «les choses vont changer», mais c'est presque à cause de la morale que la proie devenue victime finit par perdre. Parce qu'elle croit qu'une amélioration est possible, elle surinvestit la relation. Non seulement elle croit que cette amélioration va arriver, mais elle est convaincue qu'il lui revient de provoquer le changement. Aussi, elle s'enferre dans la relation et se rassure, imaginant avoir une forme de pouvoir ou de contrôle, et s'oblige à la supporter pour inviter son emprisonneur à modifier ses comportements. Quant à l'enfant proie, il attribue au lien familial une puissance magique censée le protéger de tout, mais une fois adulte, cet enfant qui n'a reçu comme modèle que celui de ses parents toxiques ne saura pas se préserver de comportements destructeurs.

«Je me fais avoir à chaque fois, même quand les choses ne me plaisent pas. Je ne sais pas dire non. J'ai tellement peur d'être rejetée et de me retrouver seule. Je sais que j'accepte tout et trop mais je n'arrive pas à faire autrement. Je voudrais que tout le monde aille bien et soit heureux autour de moi ; et je pense que ça dépend de moi. Le pire pour moi, c'est le silence. Je préfère presque les conflits, mais en même temps je les fuis. Je fais des choses que je n'aime pas pour ne pas contrarier. Et j'en fais toujours plus. Au début de chacune de mes relations, je pense que la personne a un truc de bizarre mais je chasse cette pensée. À chaque fois, je me répète : "Il ne faut pas voir le mal partout." Je ferais mieux de m'écouter mais je n'y arrive pas.» Lucie, maltraitée enfant par un père abusif, cherche encore inconsciemment à le retrouver au travers de relations amoureuses dans lesquelles elle reproduit le schéma de soumission si bien appris enfant.

L'enfant cherche à se rapprocher de son parent en s'identifiant à lui. L'identification est le processus psychique inconscient selon lequel le sujet, reprenant à son compte l'agression telle quelle, soit imite physiquement ou moralement la personne de l'agresseur, soit adopte certains des symboles de puissance qui le désignent.

L'enfant subit le choc traumatique passivement. Il le vit avec effroi, peur, angoisse, incompréhension, soumission. Il le reproduit ensuite sur le mode actif, de manière compulsive. Il devient alors agresseur. Lorsque l'identification avec l'agresseur est installée, les mécanismes de la honte et de la culpabilité vont prendre le devant de la scène. La culpabilité est incorporée au fonctionnement psychique et relationnel de l'enfant.

L'enfant abusé finit par obéir de façon automatique. Il agit sans conscience. Une partie de la personnalité reste bloquée à un instant donné. L'affirmation de soi est rendue impossible, particulièrement en cas de déplaisir. Poussée à l'extrême, cette identification devient syndrome de Stockholm, la victime prenant alors totalement fait et cause pour l'auteur des violences. Le syndrome de Stockholm souligne une situation fondamentalement paradoxale, où la victime développe des sentiments de sympathie, d'affection, d'amour, de fraternité, de grande compréhension vis-à-vis de son agresseur.

La soudaine fragilité

Ainsi que nous l'avons vu pour les enfants proies, il existe des schémas familiaux propres à fragiliser ou à empêcher la construction psychique et affective de l'enfant, développant chez lui une tendance à être dépendant d'une personnalité plus « forte ». Heureusement, la plupart des parents sont bienveillants, à la fois guides et protecteurs pour leurs enfants, à l'écoute de leur personnalité, de leurs envies, de leurs demandes. Une vie peut donc se mettre en place et se poursuivre avec les écueils du quotidien, les petites tensions qui permettent au psychisme de se développer et aux individus de se forger un caractère propre. Nombreux sont les enfants qui ont grandi dans un tel cadre.

Pourtant, un jour, leur vie peut être fracturée. Fragilisés, plus sensibles, ils deviennent alors de possibles proies. La maladie, le décès d'un proche, le chômage, un déménagement loin des siens, une agression… Autant d'accidents de vie qui fragilisent, diminuent les défenses, baissent le seuil de vigilance, développent une tolérance nouvelle ; qui rendent des individus jusque-là heureux capables de se soumettre complètement, de disparaître au profit d'une personnalité manipulatrice et toxique. Parce qu'ils ne se seront pas méfiés, parce qu'ils auront eu besoin de se confier, parce qu'ils auront perdu leur sentiment de liberté et la conscience de leur individualité.

Marie-Claude a rencontré son emprisonneur après le décès de son mari : «J'ai eu une enfance heureuse. Mes parents m'ont toujours encouragée. Ils ne donnaient pas d'ordre. Ils m'ont appris à aimer et pardonner. J'ai vécu vingt-six ans avec mon mari et nous avons eu trois enfants. C'est ensemble que nous avons acheté la ferme où nous vivions. Nous nous respections et nous nous aimions. Un soir, un chauffard a percuté notre voiture. Mon mari est mort sur le coup. Je suis restée quelques jours dans le coma et plusieurs semaines à l'hôpital. Vivre me semblait inutile sans mon mari. Nos enfants étaient adorables avec moi mais ils étaient partis vivre leur vie. J'étais seule. Un médecin s'est montré très prévenant et je me suis attachée à lui. Après ma sortie de l'hôpital, il a pris très souvent de mes nouvelles. Je me suis laissé séduire. J'étais si seule, si mal. Quand il m'a demandée en mariage, mon père est intervenu. Mes parents étaient inquiets. Ils trouvaient mon nouvel amoureux "trop" : "trop" gentil, "trop" présent, "trop" souriant... Je me souviens avoir dit à mon père : "Vous êtes *trop* angoissés !" J'aurais dû les écouter. Peu à peu, il a tout dirigé et j'obéissais sans résistance, presque avec reconnaissance. Je l'écoutais et le laissais vendre ce que le père de mes enfants et moi avions mis plus de vingt ans à construire. Je ne suis jamais arrivée à lui dire non. Il s'était occupé de moi. Il m'avait connue dans mes pires moments. Il me voulait du bien. Je lui faisais confiance. Mes enfants m'ont fait la guerre. Puis ils ont arrêté de venir me voir. Je ne parlais presque plus, je ne voyais plus mes parents. J'avais tellement honte... Je m'en veux tellement... »

Les «accentués»

Afin de se rassurer ou d'essayer de comprendre certains comportements, nous avons tendance à organiser, nommer ou classer ce que nous ne saisissons pas. Nous conférons à un mot un pouvoir presque magique, celui de rendre intelligible ce qui ne l'est pas et de nous en donner, d'une certaine manière, le contrôle. Ainsi ont émergé plusieurs termes tels que «précoce», «surdoué», «haut potentiel»… Une mention spéciale au «zèbre», pourtant bien défini par Jeanne Siaud-Facchin[1], mais aujourd'hui utilisé à tout-va pour qualifier les personnes à haut potentiel et auxquelles sont assimilées à tort les personnes jugées différentes. De manière plus globale, on appelle «neuro-atypiques» ou «neuro-diverses» les personnes avec un trouble tel que le TDA/H[2], une dys[3], un TSA[4], un TED[5], ou les hauts potentiels. Et la liste est encore longue…

Pour ma part, j'emprunte à l'écrivain Gilles Marchand[6] le terme «accentué», car toutes ces personnes ont en commun au moins

---

1. Psychologue et psychothérapeute, connue pour son travail auprès des surdoués qu'elle nomme «zèbres».
2. Trouble du déficit de l'attention/hyperactivité.
3. *Dys* vient du grec et signifie «mauvais fonctionnement». Les dys sont les dyslexiques, dyscalculiques, dysphasiques, dyspraxiques. Le trouble cognitif empêche ou freine certains apprentissages.
4. Trouble du spectre autistique.
5. Trouble envahissant du développement.
6. Dans son livre *Un funambule sur le sable* (Aux Forges de Vulcain, 2017), Gilles Marchand raconte l'histoire de Stradi qui naît avec un violon dans le crâne. À l'école, il souffre à cause de la maladresse ou de l'ignorance des adultes et des enfants. À ces souffrances, il oppose son optimisme invincible, héritage de ses parents. Et son violon s'avère être un atout qui lui permet de rêver et d'espérer.

une caractéristique : une accentuation de capacités intellectuelles, sensitives, émotionnelles et relationnelles, accentuation qui peut se traduire tant comme un handicap que comme une grande richesse. Entre autres, leurs facultés intellectuelles et cognitives sont souvent enviées et ils se voient qualifiés de «génie» avec jalousie et envie. Mais demandez à un accentué s'il est heureux de l'être. La majorité vous dira que non, que c'est difficile, injuste. Ils partagent tous le souhait d'être comme tout le monde et de se fondre dans la masse. Différents, ils sont en marge. Lorsque leur entourage se sert de cette différence ou la rejette pour excuser leur propre dysfonctionnement, lorsqu'il s'en moque et la dénigre, la souffrance est d'autant plus grande, le besoin de disparaître et l'envie d'être invisible d'autant plus forts. Il faut du temps pour comprendre son propre fonctionnement. Lorsqu'il ne correspond à aucun fonctionnement familial ou lorsqu'il est pointé du doigt comme honteux, voire dangereux, lorsqu'il devient objet de risée ou raison d'être mis systématiquement de côté, les capacités fascinantes de ces accentués les étouffent et les amènent à se détester. Ces enfants fragiles et fragilisés, ces adultes incompris et rejetés ne peuvent pas trouver leur place. Leur besoin de reconnaissance et de valorisation est immense, comme celui de comprendre le monde qui les entoure ou de fuir ce qui les agresse.

Les accentués ne comprennent pas la norme ou en sont exclus car ils ne peuvent la rapporter à aucune réalité tangible. Ils sont jugés «anormaux» alors qu'ils sont «a-normaux», c'est-à-dire «en dehors de la norme». Réflexion en arborescence, comportements sociaux inadaptés, hypersensitivité, fragilité émotionnelle, difficultés d'apprentissage, les particularités sont légion – à cela s'ajoute l'unicité de chacun souvent gommée une fois qu'il a été «classifié» dans telle ou telle accentuation. Ne pouvant deviner que leur entourage ne fonctionne pas de même, ou en difficulté car n'arrivant pas à correspondre à cette norme rassurante, les accentués cherchent à satisfaire et à se fondre dans un moule dont ils ne comprennent ni le fonctionnement ni l'utilité. Ils se discréditent à leurs propres yeux, se dévalorisant et se considérant incompétents.

Leur sensibilité leur permet de comprendre l'implicite et l'indicible. Cette perspicacité ne leur est cependant d'aucune utilité quand ils sont confrontés à la méchanceté et à la bêtise qui les laissent désarmés. Ils vont désespérément chercher une explication rationnelle, logique, justifiant l'agressivité et la violence auxquelles ils sont exposés. Leur perfectionnisme génère un sentiment d'incapacité et d'échec devant le non-aboutissement des projets. La frustration de ne pas «y arriver» fait parfois naître des colères effrayantes pour l'entourage et souvent difficiles à calmer. Ils focalisent particulièrement sur leurs défauts et s'empêchent de voir leurs qualités et leurs compétences.

Les accentués sont des cibles idéales pour les harceleurs car ils dérangent. Les autres enfants ne les reconnaissent pas comme faisant partie des leurs, les adultes ne savent pas comment s'adresser à eux et dissimulent leur gêne ou leur peur dans l'évitement. Eux-mêmes vivent avec un sentiment de décalage permanent et leur inadéquation les fait souffrir. Ils imitent, peuvent se montrer très infantiles et sont montrés du doigt par leurs camarades, exclus des jeux, incompris. Leurs difficultés d'adaptation et d'intégration les tiennent à l'écart, jugés asociaux ou étranges. Le corps enseignant, peu ou mal préparé à recevoir ce public, use de sévérité, de désintérêt, ou exclut l'élève et le laisse livré à lui-même et à l'échec scolaire.

Martine est une accentuée qui a toujours souffert de son décalage : « Il y a quelques jours, j'étais dans un parc avec des amis. Je regardais les feuillages d'un arbre. Une amie me demande si j'ai vu un écureuil. Et je lui réponds que non. Pas un écureuil, un éléphant. Parce que dans ce feuillage, je voyais vraiment un éléphant. Elle a souri, a dit : "Ah, toi, on ne te changera jamais, tu vois toujours des trucs qui n'existent pas !" Vous comprenez, c'est ça, ma vie. Je vois ce qui n'existe pas. Mais je le vois vraiment, je le devine. Alors pour faire plaisir, j'ai toujours joué un rôle. Et comme on voulait que je sois la cinglée du groupe, j'ai tenu cette place. La cinglée. »

Le rejet dont est victime un enfant accentué, sa construction difficile, un milieu hostile dont il ne connaît pas les codes, des questions existentielles angoissantes qui n'ont pas de réponse fragilisent sa confiance en lui et son rapport à l'autre. Cet enfant se croit imposteur ou stupide, et jamais à sa place. Il reçoit tout au premier degré et donne plus de justification à la critique qu'au compliment, recherchant l'amour sans penser le mériter. Il peut se mettre en échec afin de dissimuler des facultés de compréhension et de réflexion hors norme. Il peut s'enfermer dans un mutisme complet, devenir agressif ou se mettre en danger, adopter des comportements délictueux et mortifères. Les accentués nécessitent que notre société les considère pleinement et leur offre l'écoute, la place et la compréhension dont ils ont besoin, afin que leurs richesses personnelles ne se retrouvent pas réduites à néant.

L'empathie peu ou pas exprimée, l'extrême sensibilité, le doute, la culpabilité permanente, le besoin de justice se retrouvent chez les victimes de violences psychologiques. Ainsi, il est parfois difficile de départager l'origine de symptômes et comportements dus à l'accentuation ou au traumatisme, parfois aux deux. Tous développent peu ou prou le besoin de s'investir et de soigner leur entourage.

Lise, diagnostiquée « précoce » pendant son adolescence, recherche la cause de ses comportements. « J'ai une âme de sauveur. Je ne sais pas si c'est parce que je ressens trop ou parce que ma mère exigeait que je réussisse (on lui avait dit que j'étais "brillante"), que j'aide tout le monde au risque de me frapper si je ne faisais rien. Dès qu'un souci apparaît je le prends en charge, comme si j'étais directement concernée ou responsable. Je déteste les tensions, j'ai un besoin permanent de rétablir la justice et de comprendre ce qui ne fonctionne pas. Ça peut devenir obsédant. Je fais en sorte que tout le monde aille toujours bien. Je passe mon temps à m'oublier et quand je n'arrive à rien ou n'ai aucune explication, je voudrais disparaître... »

Que l'on soit victime d'une personnalité toxique, d'un parent abusif, d'un conjoint maltraitant, d'une personnalité asociale, d'un enfant tyrannique, d'un frère ou d'une sœur rival(e) ou absent(e), victime de soi-même à en devenir son propre bourreau, ce qui est fondamental pour sortir de ces schémas destructeurs est d'en prendre conscience et de vouloir s'en libérer.

Êtes-vous confronté(e) à la violence psychologique ?

Si vous vous retrouvez dans au moins 15 propositions, vous subissez sans doute une violence psychologique[1].

- ❏ Vous vous sentez toujours en tort.
- ❏ Vous ne savez pas dire ce qui ne va pas. Vous ressentez constamment un malaise sans pouvoir l'expliquer.
- ❏ Tout vous semble flou ou incompréhensible.
- ❏ Vos demandes semblent ne jamais être entendues et encore moins satisfaites. Vous pensez ne pas ou ne plus savoir vous exprimer. Vous vous sentez exigeant(e) et capricieux(se).
- ❏ Vous ne recevez jamais de compliment ni de remerciement. Vous vous sentez invisible.
- ❏ Vous n'arrivez jamais à finir une phrase, à avoir une discussion.
- ❏ Vous vous sentez perpétuellement jugé(e), vous vous sentez coupable de (presque) tout.
- ❏ Vous avez des pathologies ou des symptômes inexpliqués et récurrents.
- ❏ Vous n'osez pas dire non ; vous avez peur des disputes et des conflits.
- ❏ Quoi que vous fassiez, vous êtes convaincu(e) de ne pas pouvoir ou de ne pas savoir. Vous n'êtes pas « à la hauteur ».
- ❏ Vous ne savez jamais où se situe la vérité et vous avez honte de ne pas le savoir.
- ❏ Vous avez de moins en moins de contact avec votre famille, vos amis, vos collègues.
- ❏ Vous ne parlez pas ou peu. Vous vous mettez en retrait.

---

1. Il est nécessaire de consulter un professionnel pour mieux comprendre votre situation et pouvoir agir.

- ❏ Vous êtes seul(e).
- ❏ Vous pensez que personne ne peut vous croire. Vous n'osez pas et ne savez pas vers qui vous tourner.
- ❏ Vous vous sentez étudié(e) et menacé(e). Vous avez peur de (presque) tout sans pouvoir vous raisonner.
- ❏ Vous avez l'impression d'agir sous contrôle, d'être utilisé(e).
- ❏ Vos pensées, faits et gestes sont observés ou devinés.
- ❏ Vous cherchez en permanence à arranger les choses ou à rendre service.
- ❏ Vous pensez constamment à «l'autre», il est omniprésent.
- ❏ Vous ne vous reconnaissez pas, vous vous sentez différent(e) de la personne que vous étiez «avant». Vous ne savez pas dire qui vous étiez «avant».
- ❏ Vous avez des pertes de mémoire, des difficultés de concentration ou de spatialisation.
- ❏ Vous vous sentez faible, fatigué(e) en permanence. Vous voyez l'avenir sombrement.
- ❏ Vous étouffez. Vous êtes sujet(te) à l'angoisse, à l'anxiété.
- ❏ Vous vous croyez malade ou fou/folle.

De l'évasion à la liberté

La rupture

La violence psychologique est polymorphe et invasive. Rien ne lui échappe. Elle emprisonne. Le sentiment de ne pas exister ou de ne plus en avoir le droit obsède. Mais elle peut être stoppée. Il y a alors nécessairement rupture avec une personne ou un groupe de personnes, mais aussi et principalement avec des croyances et des comportements. L'adoption de nouvelles pensées et de nouvelles attitudes devient possible, conduisant à être ou redevenir « soi ».

Cette rupture n'est pas seulement physique ou géographique. Elle est avant tout psychique, permettant de grandir jusqu'à devenir autonome, adulte et responsable. Rompre un lien violent, quitter l'emprise ne peut se faire qu'en prenant conscience de leur réalité et cette prise de conscience devient une motivation, un mantra : « Je veux vivre autrement, je veux vivre librement. » De nombreuses questions vont dès lors se poser, auxquelles il faut pouvoir apporter une réponse. Nous pouvons les ordonner ainsi : quand ? pour qui ? pour quoi ? où et comment ?

La prise de conscience

Quand intervient la rupture ? La prise de conscience s'élabore en dehors de la volonté de la victime. Soumise à son emprisonneur, ou inconsciente d'être sous emprise, la victime subit en pensant aimer et être aimée. Les nombreuses contraintes peuvent paradoxalement répondre à une attente de la victime ; lorsque celle-ci acquiert la conviction que ce n'est plus son besoin qui est nourri mais une violence qui lui est imposée, elle peut prendre conscience qu'une autre réalité est envisageable et qu'il est possible de la construire. C'est souvent par l'intervention d'un fait extérieur à la victime que se fait la prise de conscience – fait apparemment anodin qui devient «la fois de trop», brutalité faisant soudain réaliser les atteintes psychologiques, violence paroxystique poussant à fuir sans donner le temps de préparer son départ.

La prise de conscience rend inacceptable ce qui jusque-là était accepté : les abus et contraintes répétés deviennent évidents, comme il devient évident de devoir rompre et faire cesser la violence pour vivre. La moindre parole, le moindre geste, le regard de l'emprisonneur sont intolérables physiquement et psychiquement. Ne s'accordant ni valeur ni capacité, la victime s'en remet toujours à l'autre et conserve ses doutes.

Sandrine a choisi de manifester une colère froide presque sans conséquence : «Tous les soirs, il lisait son journal au milieu du salon. Il rentrait du bureau sans me parler et il lisait son journal. Il ne fallait pas le déranger, pas parler, pas écouter de musique, pas mettre la télé. Quand il avait fini, il le jetait sur la table basse et disait sans me regarder : "On mange ?" Un soir, j'ai craqué. J'ai répondu : "Non, on ne mange pas. Je n'ai pas fait de dîner. Je ne suis pas à ta disposition." Je suis partie dans ma chambre. Mon dos me faisait hurler de douleur, mais je n'ai rien dit. »

Conditionnée pendant des mois, parfois des années, à ne pas ou ne plus s'écouter, à se mettre en retrait, à faire le dos rond – au sens littéral du terme, à « encaisser les coups », la victime n'est pas en mesure d'entendre les signaux d'alerte que son corps lui envoie. Elle a peur et se sent coupable d'avoir peur puisque rien n'est clair, rien n'est objectif, rien n'est verbalisé. Elle cherche à se justifier tout en ignorant les raisons de se justifier. Tant de souffrances qu'elle minimise, car « ce n'est pas si grave » et « on n'en meurt pas », cherchant uniquement à « faire mieux » pour éviter de nouveaux reproches. Le sentiment quasi permanent d'être oppressé est souvent ignoré, ou encore on lui attribue d'autres causes (pollution, stress au travail…). Mais le corps ne ment jamais. Il faut écouter ses alertes.

Écoutez ce que dit votre corps

Imaginez-vous bâillonné(e). Vos narines sont obstruées et ne peuvent prendre que très peu d'air à chaque inspiration. Vos sinus sont congestionnés, votre cerveau semble ralenti. Vous recevez des informations que vous n'arrivez pas à analyser. Vous avez une boule dans la gorge, entre la nausée et l'écœurement. Vous avez du mal à déglutir et n'osez pas vous plaindre. Vous avez les épaules bloquées, comme si une force inconnue vous maintenait assis(e) alors que vous voulez fuir. Votre cou se bloque. Vous avez un poids entre les poumons, qui vous fait baisser la nuque et vous tordre le dos. Prenez cette posture ; conservez-la. Vous arrivez à respirer ? Vous venez de ressentir quelques instants ce qu'une victime ressent sans cesse.

Lorsque les victimes commencent à comprendre, elles deviennent méfiantes vis-à-vis de leur emprisonneur, mais également de toute personne qui s'approche d'elles. Dans leur esprit, l'attention ou la gentillesse dissimulent la volonté de leur faire du mal, puisque c'est ainsi qu'elles se sont retrouvées dans une prison psychique. Elles observent, elles analysent, elles se défient de tout. Elles sont également convaincues qu'avoir compris et verbalisé le dysfonctionnement les protège et elles cherchent à réagir. Lorsqu'il n'y a pas d'urgence manifeste, la victime peut s'organiser, développer à son tour une stratégie et un mode de défense. Mais, n'étant ni préparées ni aguerries à aucune stratégie, elles provoquent l'emprisonneur comme un adolescent provoque ses parents. Si l'adolescent, en principe, ne se met pas en danger mais cherche simplement à se confronter à un cadre, les victimes ne font qu'exacerber la violence de l'emprisonneur. Elles remettent alors en cause leur propre compréhension et considèrent de nouveau les paroles toxiques comme justes et méritées. Devenues championnes en autocritique, leurs pensées négatives les maintiennent dans leur état de dépendance face à l'agresseur.

La rage narcissique

Le psychiatre et psychanalyste américain Heinz Kohut (1913-1981) parle de « rage narcissique » (*malignant self love*) pour désigner la violence physique et la fureur qui s'emparent de l'emprisonneur lorsqu'il a été démasqué par sa victime. Cette explosion mortifère est due à une terrible blessure d'orgueil, dite « *vanity syndrome* ». La frustration se transforme en violence extrême et sans limite. Il n'est pas question de tuer mais de détruire. Les victimes qui l'ont observée la décrivent ainsi : « Il était comme Docteur Jekyll et Mister Hyde, il changeait de visage en une fraction de seconde, sans que ce soit prévisible. » L'emprisonneur est envahi par une rage que rien ne peut calmer. Il est face au pire danger : celui de perdre non seulement tout ce qu'il a acquis, mais aussi toute crédibilité et tout pouvoir. Personne ne doit savoir, celui qui parle est condamné, comme dans la chanson de Guy Béart *La Vérité* : « Le premier qui dit la vérité, il doit être exécuté. »

Le processus psychologique pernicieux menant à l'emprise s'est construit lentement. Les victimes sont passées d'un état de grâce à une violence récurrente. L'état de grâce a bel et bien existé et son souvenir perdure, faisant espérer son retour, et impliquant une adaptation permanente à chaque nouvelle contrainte afin de satisfaire au mieux l'emprisonneur. Plutôt que de considérer l'autre violent, elles se jugent coupables de ne pas bien faire et cherchent encore à s'améliorer pour retrouver cet état de grâce.

Avec la prise de conscience, les victimes redeviennent actives et brisent un schéma toxique. Elles doivent affronter de nouvelles difficultés et de nouveaux doutes. Elles connaissent les violences passées et ont su s'y adapter. Elles savent que d'autres sont à venir mais n'arrivent pas à imaginer lesquelles. Elles savent essentiellement qu'elles ne peuvent plus revenir en arrière, au risque de se nier de nouveau et de faire le jeu de leur emprisonneur. Elles apprennent à dire non.

Oser dire non

Comment oser quand tout est interdit ? Il n'est pas question de dire non à tout, sans comprendre le sens de ce « non », sans qu'il ait une finalité. Il s'agit de déterminer ce qui nous convient, ce que nous voulons et ne voulons plus, ce que nous désirons et ce qui nous dérange, ce que nous acceptons et ce que nous refusons. Pour y arriver, nous pouvons déplacer notre réflexion, comme nous nous déplaçons sur un chemin pour voir le paysage autrement. La question principale n'est alors plus ce que l'« autre » va penser selon ce que nous faisons mais avant tout de pouvoir déterminer ce que nous pensons juste pour nous. Aussi, il ne s'agit pas tant d'oser dire « non » que d'oser se dire « oui ». « Oui » à la pensée, à l'action, sans attente d'autorisation ou de contrôle.

Construire une identité et protéger les enfants

La personne qui sort de l'emprise doit le faire pour elle, pour restaurer son identité et retrouver confiance en elle en s'autorisant à penser, vivre et agir. Or, le plus souvent, elle le fait pour ses enfants, n'accordant aucune valeur à sa propre existence mais prenant conscience qu'elle ne peut protéger ses enfants qu'en rompant avec l'emprisonneur.

« Si je n'avais pas eu mes enfants, je ne serais sans doute jamais partie ; je ne me serais même pas posé la question d'un danger. J'aurais continué de me taire, d'accepter, de subir. C'est en le voyant agir avec eux comme il faisait avec moi, c'est en les voyant perdre leur joie de vivre, devenir différents de ce qu'ils étaient, ne plus oser être des enfants mais se contenter d'obéir, que j'ai compris le danger. Moi, je pouvais me débrouiller. Mais eux n'étaient que des enfants et avaient besoin de moi. Il fallait que je me réveille pour les protéger. » Hélène a partagé la vie du père de ses enfants pendant dix-sept ans. Elle a réalisé ce qu'ils vivaient quand son fils de 11 ans lui a dit : « Tu dois résister à papa. Il n'a pas le droit de te traiter comme ça et de nous parler comme ça. On n'est pas ses esclaves. Arrête de te laisser faire, il ne changera jamais. »

Protéger les enfants ne signifie pas leur donner la priorité. Si la majorité des victimes, particulièrement les femmes, rompent en comprenant le danger pour leurs enfants, il ne faut pas perdre de vue que le devoir de tout parent bienveillant est d'assurer sa propre sécurité. En concentrant ses réflexions et ses efforts uniquement autour de ses enfants, le parent en souffrance continue de s'oublier et ne peut pas leur donner une image suffisamment rassurante pour qu'ils puissent se sentir en confiance. En s'autorisant à reprendre sa place de parent et d'adulte, il acquiert en distance, en indépendance et en capacité à interagir pour et avec ses enfants.

Protéger les enfants ne signifie pas non plus qu'il faille taire, sous-estimer ou dissimuler la souffrance et la violence. Il s'agit bien au contraire de la dire de manière juste et vraie. Le discours doit être posé, rationnel, objectif, à l'opposé de ce que l'enfant entend régulièrement. En effet, le discours de l'emprisonneur repose « sur du vent». Sa posture le conforte dans son image de tout-puissant et de tout-sachant. Mais l'enfant doit pouvoir accéder librement à une autre réalité. Parler d'actes et de comportements et non d'une personne pour ne pas imposer à l'enfant de juger un de ses parents donne accès à cette réalité et permet à l'enfant de se faire une opinion équitable. Extrapoler offre aussi la possibilité de se détacher de la figure parentale pour se concentrer sur un fait : «Si c'était un ami, un professeur, etc. qui te parlait ainsi ou se comportait ainsi avec toi, qu'en penserais-tu ?»

Extrapoler pour prendre du recul

En disant à sa mère : « Papa a dit que tu es méchante », l'enfant ne fait que répéter des propos dévalorisants. Ce qu'il entend et espère, c'est une réaction maternelle : « Et toi, qu'en penses-tu ? », ou « Comme je ne veux pas être méchante, explique-moi ce que je fais de méchant, pour que je change ». L'enfant doit alors dire des faits, des paroles qui l'ont blessé, inquiété. En ramenant l'enfant sur un terrain objectif, il est autorisé à s'exprimer, à dire ce qui lui plaît ou ne lui plaît pas, à raconter, mais aussi à visualiser un dysfonctionnement. Avant tout, il est autorisé à parler de lui, à émettre une opinion, à exercer son libre arbitre. Ce qui est totalement impossible face à une personne manipulatrice.

Lors de séparations et de divorces conflictuels, les enfants veulent être tenus à l'écart du conflit. Mais, instrumentalisés et en souffrance, ils cherchent implicitement dans chaque geste ou chaque parole de l'emprisonneur l'instant protecteur dont ils ont besoin.

Souvent on entend des parents victimes être déçus ou considérer leurs enfants injustes de ne pas prendre leur parti. Mais eux-mêmes ont été manipulés ; en exigeant de leurs enfants cette prise de position, ils se pensent seules victimes et nient le système emprisonnant dont ils sortent et que leurs enfants ont également supporté. Ils deviennent alors ouvertement accusateurs de l'autre parent et tiennent des propos intolérables pour leurs enfants qui n'ont ni capacité de discernement ni intention *a priori* de nuire.

L'enfant trouve sa protection dans l'affection qu'on lui donne. La stabilité et la fermeté lui apportent sécurité et assurance. Le lien d'attachement dont tout enfant a besoin est d'autant plus nécessaire à entretenir et à renforcer lors de ces séparations très conflictuelles où tout repère est interdit. En créant ou renforçant ce lien, le parent maltraité se reconnaît comme parent mais aussi comme adulte, parce qu'il doit protéger son statut d'adulte retrouvé et parce qu'il doit impérativement remplir son devoir de parent en protégeant ses enfants. Protéger revient donc à donner la possibilité intellectuelle, le soutien affectif, la confiance en soi, le recul nécessaire pour décider. C'est armer son enfant dans un but bienveillant et le préparer à la vie car face à un parent toxique l'enfant peut subir de la violence.

Violence conjugale et droits de l'enfant

Ce n'est pas parce que la violence n'est pas directement tournée contre un individu qu'elle ne le concerne pas et ne lui fait pas de mal. Aussi, un conjoint violent est de fait un parent violent. Même sans s'en prendre directement à ses enfants, il n'a ni le respect ni la conscience de chacun, adulte et enfant, et interdit chez l'enfant tout rapport sain à son autre parent. Car deux adultes peuvent s'aimer, ne plus s'aimer, se séparer, sans qu'il y ait violence sur les enfants. En revanche, lorsqu'il y a violence psychologique, contrainte et soumission, le parent violent prend le contrôle, brise le lien et atteint directement le psychisme de son enfant. Non seulement le lien est corrompu, mais un élément fondamental dans la construction de l'enfant est brisé : l'attachement n'est pas possible, pas autorisé, pas sain. L'enfant doit être reconnu comme victime. Les moments « calmes », les cadeaux sont des chausse-trappes. Ils engluent dans la croyance que « le parent est quand même gentil ». Ce n'est en rien de la gentillesse, c'est ce que tout parent doit à son enfant. Lorsque ces rares moments sont suspendus à la contrainte, à la menace ou au chantage, lorsqu'ils sont parasités par des phrases et des jugements toxiques contre l'autre parent, lorsqu'ils sont soumis au bon vouloir de ce parent toxique et n'arrivent jamais lorsque l'enfant en a besoin mais uniquement lorsque le parent l'a décidé, ils sont pernicieux. Ils faussent la relation, ils manipulent et instrumentalisent les enfants. L'autre parent est victime, mais la victime principale est l'enfant qui n'a plus aucun repère ni aucune protection.

Le choix d'être adulte

«Adulte», un mot qui effraie, parce qu'il est chargé d'obligations et d'interdits, d'empêchements et de devoirs. Il fait souvent écho à la maltraitance infligée par une figure adulte et autoritaire. Il semble privé de la possibilité d'accéder au rêve et à l'imaginaire, réservés aux enfants. L'adulte, être raisonnable, possiblement violent, serait uniquement dans le concret, le réel et le présent, et dépourvu d'imagination.

Pourtant, « être adulte » n'est pas une question d'âge. C'est une posture psychique qui semble inaccessible aux victimes car exigeant des compétences dont elles se croient dépourvues et imposant trop de contraintes – ce qu'elles tentent de fuir. Cependant « adulte » est un état qui rend responsable en acceptant les épreuves, en se réjouissant des réussites, en affrontant les échecs, en se remettant en cause si nécessaire, en refusant d'être de nouveau utilisé ou dénigré. De plus, « être adulte » permet de faire des choix, de déterminer des objectifs, de penser à aujourd'hui mais aussi à demain, de construire son avenir sans se couper du présent. Enfin, « être adulte » laisse la place au rêve et à l'élaboration de projets tout en sachant évaluer lesquels seront réalisables et lesquels resteront de l'ordre du rêve.

Nouveau langage, nouveau mode de pensée

Toute pensée qui s'élabore se fait autour du langage, de l'intention et du sens donné aux mots utilisés. Lors de la rupture, le langage et le mode de communication de la victime se transforment. L'emploi du « je » redevient possible. L'expression de la volonté et du refus également. Comme un petit enfant, la victime commence par dire « non », presque systématiquement. Ce qui l'expose souvent à la colère de l'emprisonneur et la met en instabilité psychique. Elle apprend alors à « négocier », comme un négociateur lors d'une prise d'otages. Elle cherche de plus en plus à défendre ses intérêts tout en laissant à l'emprisonneur une marge de manœuvre. Ainsi, face à une critique, elle répond « Tu as le droit de le penser », « C'est ton opinion »… Mais elle ne se soumet plus. Elle apprend aussi à se taire, à ne plus se justifier, à ne plus se précipiter, ce qui lui permet de construire sa réflexion, ses opinions et de déterminer ce dont elle a besoin et ce qui lui convient. Elle est alors dans l'individuation et la protection d'elle-même. Elle s'autorise enfin à ressentir et exprimer ce qu'elle ressent; et ces ressentis lui font comprendre le bien-être qu'elle en retire et lui permettent de s'affirmer. Elle devient alors autonome, prête à *être* pleinement elle-même.

Accepter sa part de responsabilité est une étape douloureuse. La victime, infantilisée, ne distingue pas la culpabilité de la responsabilité. La responsabilité implique de mettre en œuvre ce qui est nécessaire pour élaborer de nouveaux schémas et des croyances propres à sa personnalité, et la rupture souvent inévitable avec l'emprisonneur. C'est également admettre d'avoir interagi dans cette relation en se demandant à quelles fragilités personnelles le dysfonctionnement mis en place répondait. C'est enfin développer ses ressources, ses compétences, ses limites. Il y a alors rupture avec une autorité désorganisée et contraignante afin d'en instaurer une nouvelle, la sienne vis-à-vis de soi-même, avec bienveillance et sans complaisance.

Sandrine raconte : « J'étais comme un poisson hors du bocal. Des années que je tournais en rond à essayer sans y arriver, à me cogner contre des murs, à monter à la surface et couler soudain au fond... J'étais sortie du bocal. Mais je n'avais ni mer ni océan devant moi. Ce que je respirais avant, c'est lui qui me le donnait. Son poison, c'était mon oxygène. Et subitement, plus rien, parce que je voyais que cet air était empoisonné. Je fermais mes poumons pour ne plus respirer. Et je ne respirais plus. J'aurais pu en crever ! »

La victime doit apprendre à vivre autrement. Ce qui amène à désobéir à l'auteur des violences ; or lui désobéir revient à le trahir. La victime se croit coupable de faire ce qui a toujours été interdit, a honte de penser par elle-même sans en référer à l'«autre», et a peur de ses propres décisions. Se positionner est loin d'être simple, la perte de repères angoisse et peut freiner la thérapie et la reconstruction. La victime doit différencier ce qui lui appartient fondamentalement de ce qui ne lui appartient pas. Et pour cela il lui est nécessaire de se confronter à elle-même, de nommer ses peurs et ses hontes pour s'en libérer.

Les victimes abandonnent leur «zone de confort». La zone de confort est l'ensemble des habitudes et des comportements adoptés. Nous avons tous une zone de confort, rassurante, et c'est en ce sens qu'elle est confortable. Nous en connaissons les avantages et les limites tels que nous les avons en principe librement définis. Pour une victime, cette liberté lui est retirée. Aussi, la zone de confort participe de son emprisonnement psychique. Elle se dit confortable avec ce cadre de vie strictement déterminé, mais elle y étouffe sans oser en sortir.

Sandrine conclut : «Je savais que j'allais mal, mais j'y étais habituée et je me refusais à croire que je pouvais aller mieux. Ça voulait dire : être sans lui. Mais sans lui je n'étais rien. Comment en n'étant rien serais-je allée mieux ?»

La reconstruction

Quitter une relation violente et se reconstruire seul(e) est difficile et souvent dangereux : aucun autre schéma, aucun autre mode de réflexion n'étant proposé et réfléchi, la personne qui cherche seule à rompre un lien toxique reste malgré elle enfermée dans des croyances qu'elle va reproduire, même *a contrario*. En mettant un terme à sa relation destructrice, elle entreprend une sorte de voyage psychique, voyage auquel elle donne une destination souvent idéalisée, ce qui la rend inatteignable. Aussi, tenter de définir cette destination, c'est-à-dire donner un sens à la rupture et à sa transformation, constitue l'essence même de ce voyage, de cette découverte de soi. La tentation de se conformer à des modèles proposés est forte, mais elle maintient éloigné de soi. Et, comme tout voyage, celui-ci peut subir des aléas et connaître des changements de direction.

Les étapes du deuil

Le deuil est un état affectif douloureux ne concernant pas exclusivement le temps qui suit un décès. C'est plus généralement la phase de renonciation à des modèles de pensée, des convictions, des certitudes. C'est une adaptation psychologique suite à un traumatisme et à une souffrance se concrétisant dans un processus quasi universel. C'est un cheminement émotionnel et psychique, quelle que soit la perte, puisqu'il amène à une rupture et à une modification radicale.

Elisabeth Kübler-Ross[1] a élaboré une courbe du deuil qui distingue cinq temps. Ce processus met en évidence une résistance négative au changement et au renouveau. Suite à la violence psychologique, cette résistance est communément partagée par les victimes. La peur de devoir affronter l'autre dans une séparation violente lors de procédures juridiques, la peur d'avoir tort, d'être de nouveau critiquées, la peur de se retrouver seules freinent la motivation des victimes sans qu'elles en soient pleinement conscientes.

1. Le premier temps du deuil se compose de choc et de déni. Le choc est lié à la perte. Face à la violence, la victime a élaboré diverses croyances, au cœur desquelles réside l'amour. Avec la prise de conscience survient ce choc psychologique : ce qu'elle pensait, ce qui était le fondement de toutes ses convictions, tous ses agissements, est faux. Ce qu'elle aimait est une duperie, n'existe pas et n'a jamais existé. Elle a vécu dans un mensonge fabriqué pour la contraindre et lui nuire. Elle est en danger psychologique ou physique.

---

1. Elisabeth Kübler-Ross, psychiatre et psychologue américaine, pionnière de l'approche des «soins palliatifs». C'est auprès d'enfants atteints de cécité qu'elle découvre les cinq phases du deuil. Elle est l'auteure de *On Death and Dying* (*Les Derniers Instants de la vie*, Labor et Fides, 2011).

Le choc est si important qu'il fait place au déni. Il est plus facile et plus habituel pour une victime de se convaincre qu'elle se trompe et de continuer dès lors à obéir à son bourreau que d'accepter d'avoir raison et d'accepter dans le même temps d'être en danger.

Aussi, la perte dont il est question concerne la relation affective, la présence d'un autre dans sa vie, les croyances auxquelles la victime était attachée. Elle renvoie à la solitude et à un sentiment de mort. En cela, elle effraie, et cet effroi maintient l'emprise.

2. La colère et la révolte succèdent au déni. C'est une colère froide, même si elle semble s'exprimer avec brusquerie ou agressivité. C'est une rébellion psychique. La victime est si peu habituée à réagir que la moindre opposition de sa part lui semble exagérément disproportionnée. À cette phase de colère se mêle la tristesse, liée à tout ce qui n'a pas été possible, tout ce qui a été empêché ou interdit par la personnalité violente. C'est une nouvelle forme de culpabilité qui s'installe, mêlée à une grande compassion pour soi-même, comme si la victime pouvait voir en elle le petit enfant maltraité et maintenu dans cet état infantile pour que ses facultés d'adulte ne puissent jamais se développer, tout en se reprochant vertement de ne pas avoir su s'opposer. Enfin, la colère exprime la frustration de ne pas être compris(e), de ne pas être aimé(e) et de penser ne jamais l'être, ce qui revient à se sentir inexistant(e) ou indigne d'intérêt.

3. Puis s'opère une transition. La victime oscille entre l'espoir d'un renouveau et le refus du changement. Elle en envisage les aspects positifs, tente de réfléchir aux moyens de les rendre concrets, tout en restant contrainte et parfois paralysée par des peurs ancrées, des convictions d'incapacités, des certitudes d'isolement.

Cathy nous confie son sentiment : «Je faisais un pas en avant, deux en arrière, étrange valse qui me donnait le sentiment d'avancer à reculons pour ne pas voir où j'allais, comme si je regardais la route par le pare-brise arrière de la voiture, pour ne pas perdre de vue ce que je quittais.»

4. La compréhension succède à la transition. La victime sait qu'elle ne peut plus et ne doit plus reculer. Elle sait aussi qu'en ne quittant pas son emprisonneur, elle ne pourra pas évoluer et qu'elle se condamne elle-même, en sachant pourquoi et surtout à quoi. Il est alors question de concrétiser la rupture afin de pouvoir vivre le présent mais également construire le futur : à la fois accepter le réel, mais également restaurer son imaginaire qui autorise les projections. Désormais, ce changement lui appartient. Le pouvoir implicite accordé à l'autre s'effrite. La notion de responsabilité prend corps.

5. L'acceptation de l'anormalité arrive en dernier. C'est à cette étape que le regard porté sur ce qui a été vécu se modifie radicalement. La victime accepte d'être victime et traumatisée ; elle accède au détachement positif qui réveille un bien-être émotionnel et dédramatise ou écarte les tensions. Cette acceptation appelle à la raison et ne doit pas être confondue avec une nouvelle soumission. Comme chacun de nous qui constate un dysfonctionnement nécessitant une intervention et un changement, la victime accepte de bouleverser son quotidien, sa vie, ses pensées. Elle accède à la responsabilité.

Parler d'acceptation est souvent mal compris : il ne s'agit pas d'être en accord avec ce qui a été vécu, mais d'accepter la responsabilité d'en tirer une expérience, un apprentissage, afin de transformer sa vie et de se la réapproprier. C'est donc l'acceptation du *maintenant* à ressentir, de l'*avenir* à construire et non d'un passé douloureux. La victime redevient sujet principal de ses réflexions. Elle met en œuvre tout ce qui est nécessaire pour retrouver le sentiment d'exister. Elle s'approprie une identité.

Ces étapes ne répondent à aucune temporalité précise et définie mais sont fonction de chaque individu et de chaque contexte, impliquant de considérer les particularités individuelles et celles liées à un système familial.

Objectif : thérapie

Une thérapie est un traitement reposant sur une ou plusieurs méthodes et menant à un rétablissement ou à une guérison. Il s'agit de prendre soin de soi, et pour cela d'avoir conscience de l'importance de «soi». La prise de conscience provoque le désir d'être, ce qui semble souvent impossible et toujours douloureux, et la nécessité d'être écouté(e), aidé(e), accompagné(e) se manifeste. La thérapie va alors pouvoir devenir efficace ; celles (souvent) entamées avant d'être conscient(e) de l'emprisonnement psychique ont pu aider à supporter une situation de violence. Désormais il est question de se retrouver, de se réunifier, de permettre la confiance en soi, d'adopter d'autres chemins de vie. Les victimes cependant sont ambivalentes : elles savent qu'elles ont ce besoin vital de se sauver mais craignent de se retrouver sans repère et sans cadre. L'emprise les enfermait et paradoxalement les rassurait. Sortir de l'emprise, c'est se croire seul(e) au milieu de nulle part.

> Ainsi en témoigne Andrée, au moment de sa rupture : « Mais comment faire ? Comment vais-je y arriver, si personne ne me guide ? Il était toujours là pour moi, même s'il me faisait du mal. Je n'étais pas seule. Je peux le faire, j'ai le droit ? Que va-t-il penser ? Je sais, on s'en moque ! Mais tout de même, c'est tellement de changements... D'un autre côté, une nouvelle maison, un jardin peut-être, pourquoi pas un animal... Il déteste les chats. Je vais prendre un chat, j'aime leur compagnie un peu sauvage. Je pourrais être bien, loin de lui. Avec un chat. »

On retrouve un objectif commun à toute personne victime de violence psychologique : avoir la force de partir et celle d'exister pour et par soi-même, tout en sachant s'affirmer, ce qui implique... de savoir dire non. Or, indiquer en début de thérapie à cette personne victime qu'elle peut dire non et qu'elle en a le droit, c'est la renvoyer à sa honte paralysante car elle ne s'en sent pas encore capable. C'est également lui suggérer – sans le vouloir – d'entrer en conflit avec son agresseur. La victime se retrouve prise entre deux feux : celui de son emprisonneur et celui de son thérapeute. Elle accepte le discours et l'accompagnement thérapeutiques tant qu'elle est en présence du thérapeute – un temps très court comparé à celui qu'elle passe avec la personne qui la met en souffrance. Les sentiments de peur et de honte se transforment, laissant place à la culpabilité d'« accuser » l'auteur de violences d'être violent, de condamner le parent de ses enfants ou ses propres parents à être jugés comme étant de mauvais parents. Cette culpabilité retient encore la parole, évite de se mettre en danger face à un emprisonneur qui ne supporte aucune accusation, maintient les doutes et, de manière toxique, laisse encore l'espoir d'un changement dans son comportement – changement qui permettrait un réel amour. La dépendance à l'emprisonneur évolue mais est toujours présente.

Autoriser les victimes à redevenir sujets de leurs pensées, de leurs volontés, de leurs désirs, leur donner le droit de parler d'elles est essentiel. En réalisant et en acceptant leur identité, les victimes peuvent s'autoriser à leur tour à parler, à se vouloir du bien et à évaluer ce qui leur fait du bien. Elles sont en apprentissage, ce qui anime leur faculté d'émerveillement, leur découverte du plaisir, parfois avec candeur. Leurs expériences sont subjectives et leur appartiennent, sans soumission au désir ou à la frustration d'un autre. C'est ainsi qu'elles vont apprendre ce qui leur fait du bien, ce qu'elles désirent, jusqu'à pouvoir enfin le mettre en œuvre.

Christiane a réussi à reprendre du temps pour elle : « J'ai commencé en faisant de toutes petites choses pour moi. J'avais perdu l'habitude de lire, moi qui adorais la lecture. Alors j'ai recommencé. Une page après l'autre. Pour lire tout un livre, il m'a fallu plusieurs mois ! J'ai accepté de le faire, c'était un pacte entre moi et moi. Quand il m'appelait, si j'étais en pleine lecture, je répondais "J'arrive !" et lire une page étant assez rapide, il ne disait rien. J'ai fait pareil avec le maquillage. J'ai recommencé à me maquiller un peu. Je me suis arrêtée au milieu de la rue, en entendant le chant d'un oiseau. J'ai regardé par la fenêtre les gens qui passaient sur le trottoir. Je me suis mise à imaginer leur vie. Je ne me sentais pas coupable de ne pas penser à lui à ce moment-là. Mes rêveries ne duraient jamais longtemps, mais elles me faisaient du bien. »

Une question fréquente concerne le mode de thérapie à entreprendre. Il n'existe pas *une* thérapie «magique» mais plusieurs, qui vont plus ou moins convenir selon la victime. Il n'existe pas *le* thérapeute idéal et il faut parfois consulter plusieurs thérapeutes avant de pouvoir avancer. Lorsque les victimes ont été amenées à consulter plusieurs professionnels, elles peuvent se montrer déçues et critiques. Pourtant, chaque suivi apporte une pierre à l'édifice en reconstruction. Si le parcours est long, rien n'y est inutile.

Un thérapeute n'applique en principe ni formule ni protocole. Il écoute, il comprend le mode de fonctionnement de son patient (fondé sur le sensoriel, l'affectif, l'analytique ou encore la visualisation) et doit s'adapter pour permettre que les réponses qui s'élaborent et les décisions qui se prennent appartiennent pleinement à ce patient. Si nécessaire, il oriente chez un confrère. C'est au cas par cas que se donnent les réponses, et non de manière tranchée.

Pour avancer

On ne dit pas à un enfant de 4 ans : «Tu sais marcher. Tu sais que les voitures peuvent être dangereuses et qu'il faut faire attention en traversant. Tu sais que tu es obligé de traverser, car il y a de gros travaux sur ce trottoir et tu peux tomber dans un trou profond. Mais ne t'inquiète pas, je t'attends sur le trottoir d'en face.» Au mieux l'enfant va rester sur place, s'asseoir, pleurer et attendre un secours. Mais il connaît le trottoir où il se trouve, et comme les travaux lui font peur, il ne va pas s'en approcher pour ne pas tomber. Au pire, il va traverser en courant et sans faire attention, espérant juste être accueilli de l'autre côté par les bras de son parent. Les victimes infantilisées ont la même peur que l'enfant sur un trottoir : peuvent-elles avancer, et comment? Elles entreprennent un travail de rééducation et de reconstruction. Elles le font pas à pas et peuvent flancher. Si elles ne sont pas soutenues, chaque effort sera instantanément ruiné.

Combien de temps la thérapie va-t-elle durer? Pour chaque victime il existe une réponse personnelle en fonction de son histoire. Ignorer la violence empêche de s'en libérer. La taire en se disant que «c'est le passé» ou en craignant les regards désapprobateurs est dangereux, entraîne un déni et maintient dans la contrainte. Se réjouir des premiers jours de liberté et se sentir fort(e) est un piège. L'agresseur revient souvent sur les lieux de son crime; il ne lâche pas sa victime. Aussi, les victimes vont mieux, rechutent, se reprochent de rechuter, fuient la thérapie par honte d'avouer cette rechute.

Ces rechutes font partie du travail de reconstruction. L'une aura vu ses angoisses disparaître, puis revenir avec une violence incroyable. L'autre n'a plus aucun contact avec son emprisonneur puis, après des mois de silence, a une irrépressible envie de prendre des nouvelles. Elle se retrouve confrontée à ce qu'elle ne connaissait que trop. Une autre encore, qui affronte des procédures incessantes, s'épuise et regrette presque d'être partie. Sans oublier celle qui, n'arrivant pas à se soustraire à sa culpabilité, se détestera pour avoir fait du mal à son emprisonneur en le quittant[1] et va projeter

---

1. Dans cette situation, l'emprise est encore très forte et permet à l'emprisonneur de faire croire à sa victime qu'il souffre, qu'il va changer, qu'il a besoin d'elle et qu'il l'aime. La victime veut encore y croire, son besoin d'exister pour l'autre est encore fort. Elle n'est pas prête à affronter la réalité de la séparation.

cette détestation sur son thérapeute. Elle stoppe alors brutalement sa thérapie pour retourner auprès de celui ou celle avec qui elle vient de rompre et ira jusqu'à lui demander pardon. Pour ces raisons, les victimes se détestent et se blâment. Elles ont tort. Le mouvement de balancier entre violence et accalmie se reproduit après la séparation, comme les répliques d'un tremblement de terre. Et comme ces répliques, leur force, leur violence et leur fréquence sont imprévisibles.

Une personne qui vient en thérapie est pleine d'espoirs, très docile et prête à tout accepter pour aller mieux ou, au contraire, dans le refus de la thérapie car elle n'est pas encore disposée à s'observer ni à remettre en cause celui ou celle qui la maltraitait. Sa docilité éventuelle est l'écho de son vécu : habituée à se soumettre à l'autorité, elle confère au thérapeute l'autorité du sachant. Il ne peut donc pas se tromper. Elle le considère obligatoirement bienveillant : elle ne va rien remettre en cause et voit en ce praticien un «bon» parent (parfois longtemps espéré). Elle s'approprie comme juste et vrai tout ce qui lui est dit, convaincue que c'est pour son bien, sans esprit critique et sans se demander si cela lui correspond et lui convient. Elle obéit, suit les conseils et les recommandations – or le rôle du thérapeute n'est pas de conseiller. Elle souffre si elle n'arrive pas ou pense ne pas arriver à faire ce que le thérapeute attend d'elle, car elle craint de le décevoir. Quant aux thérapeutes parfois dépassés par l'envie de «sauver» les victimes, ils ne permettent pas à celles-ci de s'autonomiser mais les maintiennent involontairement sous une emprise qui, si elle n'est pas toxique, ne permet pas de devenir responsable. L'interaction entre la victime et son thérapeute est donc essentielle, la place de chacun doit être respectée, et c'est au thérapeute de le permettre.

Le recentrage sur soi

Se recentrer amène à ressentir et à pouvoir vivre le «ici et maintenant». Ce ressenti semble évident et pourtant il est presque impossible à toute victime. Si elle ne peut se projeter dans le futur, elle ne peut pas non plus être en pleine conscience de ce qu'elle vit dans l'instant présent, son esprit comme son corps étant retenus dans un passé qui prévaut sur le reste et conserve une actualité permanente.

L'objectif de la thérapie est de mettre fin à l'emprise, de supprimer les fausses croyances et les mauvais enracinements. Elle permet de se recentrer et de se (re)découvrir. Plus simplement, elle permet à la victime de devenir une personne libre et autonome, capable de penser à elle pour mieux penser aux autres.

Cathy a traversé la peur de penser à elle : «C'était affreux, je me sentais devenir égoïste. Penser à moi en premier ? À ce que je veux ou ce que j'aime ? Impossible, ça me semblait tellement injuste, pour tout le monde... pour tous les autres. J'avais l'impression d'être un monstre ; pire, d'être comme mon ex. Et puis j'ai accepté l'idée et j'ai compris qu'en le faisant, je me sentais mieux, j'étais mieux entendue, mieux comprise et moins en tension, plus à même de répondre à ce qu'on me demandait, sans avoir à me justifier, sans avoir peur qu'on abuse de moi.»

Le traitement psychothérapique limite, voire supprime, les conduites dissociantes. Il permet de rétablir des connexions neurologiques en identifiant les violences et en réintroduisant des représentations mentales pour chaque manifestation de la mémoire traumatique. Cette analyse poussée permet au cerveau cognitif (ou rationnel) de contrôler les informations et de libérer le cerveau émotionnel.

La prise en charge donne un sens aux symptômes en les reliant aux violences subies. Les événements vécus sont analysés, souvent visualisés et compris de manière plus logique, positive ou agréable, et les souvenirs intrusifs sous forme de cauchemars, flash-back, etc. vont s'atténuer et même disparaître. Ce travail se fait quasi automatiquement et sécurise le terrain psychique. Le traumatisme en cas de nouvelles violences peut être évité car la réponse émotionnelle est contrôlée. Encore une fois, il est essentiel de rappeler qu'aucune thérapie n'est magique, tout dépend de la réceptivité du patient, de la confiance partagée avec le thérapeute, de la capacité à intégrer de nouvelles ressources, de la volonté à s'autonomiser indépendamment du professionnel et, avant tout, de l'ampleur psychique du traumatisme.

Par ailleurs, l'acceptation des émotions se met en place. Jusque-là interdites ou perçues comme dangereuses, elles sont apprivoisées, comprises et mieux adaptées aux différentes situations à venir. Il est alors possible de ressentir physiquement ses émotions. Sous emprise, la victime n'est pas autorisée à les exprimer ni même à en avoir, elle doit les contenir, les refouler, les ignorer ou les mépriser par peur de ce qu'on pourrait lui dire. Ses émotions se déplacent, se «stockent» dans une ou plusieurs parties de l'organisme, constituant ainsi un danger physiologique. Trop nombreuses sont celles qui disent, alors qu'elles souffrent physiquement : « Pour le moment, il faut que je tienne, je m'en occuperai plus tard… » En ignorant ces douleurs, elles les aggravent. Ce qu'elles aggravent encore plus, c'est leur difficulté physique à réagir, mais également à reconstruire l'estime d'elles-mêmes. Comment s'accepter et déterminer ses besoins et ses limites lorsque l'on n'est que souffrance, dépendance à un traitement, lorsque l'on se sent diminué(e), fragile, exclu(e) du monde ? Accepter que les douleurs psychiques et physiques soient généralement indissociables, c'est pouvoir les traiter et permettre que le chemin entamé pour se retrouver se déroule d'autant mieux.

Outre les thérapies verbales, les thérapies corporelles et psycho-corporelles sont donc d'une grande aide lorsqu'il s'agit de revisiter le traumatisme, de mettre un terme à la violence psychologique et de se recentrer. C'est une découverte différente de son corps, en lien avec l'esprit et les émotions. C'est aller vers une réunification de soi, en comprenant et le lien et la portée de nos gestes et de nos pensées. On y associe volontiers et à raison un travail important de respiration et de relaxation, à préconiser avant même de parler de méditation. Pouvoir méditer en pleine conscience, c'est avoir déjà acquis cette conscience de soi vers laquelle la personne fragilisée tend pendant la thérapie. Si elle ne sait pas respirer ni se relaxer car encore trop sous contrainte ou dans un état anxieux et fébrile, elle ne saura pas aller vers le lâcher-prise nécessaire à la méditation. En apprenant à respirer et à écouter sa respiration, celle-ci peut être amenée vers les zones douloureuses du corps, et devenir soignante.

Parmi les nombreuses techniques ou thérapies psychocorporelles qui créent une synergie entre le corps et le psychisme, nous retiendrons le yoga, la sophrologie (étude de la conscience harmonieuse), la méditation en pleine conscience ou *mindfulness*, qui amène particulièrement à la respiration et la détente, ainsi que l'hypnothérapie[1] et l'EMDR[2]. Ces deux dernières formes de thérapie ont souvent montré leur efficacité dans le traitement du traumatisme et la restauration de la mémoire, ainsi que la réhabilitation du système cérébral. La mémoire n'est plus émotionnelle mais devient autobiographique, c'est-à-dire que le ou les événements traumatiques ne sont pas effacés mais intégrés comme une expérience douloureuse dans un parcours de vie ; ils ne sont plus un empêchement au « ici et maintenant » ni à la construction d'un « demain ». Certains symptômes peuvent demeurer, mais, compris, ils sont vécus différemment et moins en souffrance. Ces différentes méthodes permettent de libérer des ressources propres et de déterminer des comportements plus adaptés, fonctionnels et singuliers. Elles sont complémentaires de pratiques plus « classiques », telles que la psychothérapie ou la psychanalyse, et cette association permet de respecter le patient dans sa dimension psychique.

---

1. L'hypnose thérapeutique est un « état de la conscience modifié ». La personne demeure éveillée (non endormie). Cette forme d'hypnose n'a rien à voir avec les mises en scène spectaculaires ou théâtrales d'hypnose.

2. L'EMDR (*eye movement desensitization and reprocessing*), ou désensibilisation et retraitement par les mouvements oculaires, est une approche de neurophysiologie consistant à utiliser des stimulations sensorielles pour faire revivre le moment du traumatisme. L'EMDR est recommandée par l'OMS en cas de stress post-traumatique. Cette technique a été utilisée entre autres par le psychiatre Bessel Van der Kolk, qui a développé sa pratique auprès des vétérans de la guerre du Vietnam.

Lâcher prise de nouveau

« Je ne peux pas lâcher prise, c'est trop dangereux… » Cette conviction communément partagée par les victimes de violences psychologiques les freine. En effet, lâcher prise revient pour elles à se laisser faire, à ne plus avoir aucun contrôle et à être en totale dépendance. L'aspiration au bien-être est bien réelle, pourtant elles craignent de se retrouver soumises ou agressées. La tension permanente qui les habite leur donne le sentiment illusoire de rester maîtres des situations. L'accès à la détente, au plaisir, au repos, est difficile et souvent impossible.

Or lâcher prise, c'est s'autoriser à faire du roue libre en vélo. Le cycliste connaît la route et ses obstacles, contrôle sa vitesse, conserve les mains sur le guidon et les pieds sur les pédales. Il a conscience de maîtriser et cette maîtrise l'autorise à relâcher ses efforts et à être moins en tension. Ce sont des instants de douce rupture qui permettent la rêverie, l'imaginaire, l'échappée psychique et la détente physique.

Il est inutile et déconseillé de s'obliger à lâcher prise sans avoir conscience que ce temps est implicitement contrôlé par la personne qui le vit : on ne reste pas des heures en roue libre sans perdre de la vitesse (ou l'équilibre). Mais ce sont des instants « ressources » durant lesquels l'environnement, connu et contrôlé, n'est ni dangereux ni invasif. Le lâcher-prise devient peu à peu un espace de liberté psychique vers lequel se tourner pour se relaxer et éventuellement créer. Il offre également la visualisation d'un lieu imagé et rassurant où la personne peut se réfugier lorsqu'elle se sent en difficulté.

La question des médicaments revient souvent, et souvent avec un rejet de la part des victimes de violences psychologiques. Une fois encore, la crainte d'une nouvelle dépendance, la volonté d'être fortes, la croyance que les antidépresseurs sont un signe de faiblesse ou d'une maladie qui leur aura été faussement reprochée, la peur des effets secondaires... les amènent à refuser tout traitement médicamenteux. S'ils ne sont pas à prescrire systématiquement, certains médicaments peuvent néanmoins être recommandés, particulièrement en cas d'ESPT – par exemple des inhibiteurs sélectifs de la recapture de la sérotonine (ISRS) prescrits contre le stress, l'anxiété, les attaques de panique. Il est de toute façon essentiel de recourir à un médecin psychiatre qui saura déterminer la nécessité d'un traitement, sa durée, son interruption. Et il est indispensable que le psychiatre explique au patient les causes et les effets d'un traitement médicamenteux – pour qu'il puisse être accepté. Enfin, ces traitements ne peuvent jamais se substituer à une psychothérapie et interviennent en complément.

Quels que soient le traitement et la thérapie choisis, il est avant tout essentiel que la victime s'autorise à dire ce qu'elle ressent avant, pendant et après. S'ils ne lui semblent pas ou plus adaptés, elle doit pouvoir être entendue.

La résilience

«La vie veut s'élever et, en s'élevant, elle veut se surmonter elle-même[1].» On doit principalement la notion de résilience au psychiatre Boris Cyrulnik. La résilience est «la possibilité de se remettre à vivre après une agonie psychique traumatique ou dans

---

1. Friedrich Nietzsche, *Ainsi parlait Zarathoustra*, 1885.

des conditions adverses[1]». Cette faculté trouverait ses racines dans les relations sécurisantes que les parents entretiennent avec leur(s) enfant(s). Le «parent» est entendu au sens large : il désigne tout lien d'attachement sécure créé dans la petite enfance. Ainsi que le disait Friedrich Nietzsche, «si l'on n'a pas un bon père, on doit s'en donner un».

Pour Cyrulnik, le traumatisme naît d'une effraction dans la bulle protectrice de l'enfant. Celui-ci ne peut comprendre ni la cause ni la raison de cette effraction. La rupture entre l'avant et l'après-traumatisme n'est pas forcément nette ni clairement située dans le temps. Ce peut être une succession d'événements auxquels l'enfant s'habitue malgré lui (violence physique et verbale répétée), ou un événement unique, brutal, définitif (abandon, décès d'un parent, violence démesurée). Sa pensée s'éparpille à la manière d'un puzzle renversé. Cyrulnik reprend l'image d'un chemin hasardeux pour expliquer le rôle de la résilience : «Le résilient, après s'être arrêté, reprend un cheminement latéral. Il doit se frayer une nouvelle piste avec, dans sa mémoire, le bord du ravin. Le promeneur normal peut devenir créatif, alors que le résilient, lui, y est contraint.»

Les adultes bienveillants permettent aux enfants de se construire un capital psychique sain et solide. Ce sont des «tuteurs de résilience» ou «tuteurs de développement» qui stimulent le développement de l'enfant, lui permettent d'acquérir une estime de soi et d'ancrer des croyances valorisantes et stables. Les ressources intérieures et

---

1. Marie Anaut et Boris Cyrulnik, *Résilience : de la recherche à la pratique*, Odile Jacob, 2014.

extérieures ainsi façonnées seront activées et utilisées chaque fois que nécessaire. En s'appuyant sur ses ressources internes, la victime entre dans une dynamique positive ; elle interagit avec l'environnement, ce qui lui était jusque-là interdit.

La résilience fait appel à divers organisateurs psychiques mobilisés lors d'un traumatisme. On retiendra la perspicacité (ou capacité d'analyse), l'indépendance (ou capacité à être seul(e)), l'aptitude aux relations, la créativité, l'humour, la moralité (ou capacité à interroger les valeurs). Le traumatisme devient un défi à affronter. Se confronter à la violence du vécu et la douleur du souvenir permet de les surpasser et de les transformer. Cette confrontation demande acceptation, visualisation et projection. Visualisation, car il s'agit de re-voir, de re-sentir le ou les événements traumatiques. Projection, car au-delà de re-voir ces événements, il faut en accepter tous les éléments pour en prendre une pleine conscience et sortir du déni. Le recours à l'imaginaire et à la création est rendu possible. Pour certaines victimes, l'expression artistique permet de se détacher du traumatisme ou de le signifier sous une autre forme, tout en l'exprimant afin de s'en libérer. La création peut sembler ne pas avoir de sens. Pourtant, les victimes « accouchent » de leur vérité. La possibilité d'atteindre l'« au-delà » de la douleur et de s'élever à un autre niveau, passant du physique et du psychique au spirituel, se met en œuvre. Quant à l'imaginaire, interdit sous emprise, il est la porte d'entrée au désir et au plaisir.

Nous ne sommes pas inscrits dans un chemin de vie définitif, il n'y a ni fatalité ni route irréversible. Si nous apprenons et développons chacun un rapport à la vie différent, nous pouvons face au traumatisme parler de résilience, mais aussi d'«élan vital[1]». Cette force créatrice, riche et imprévisible, ne trouve pas son origine dans la sécurité affective mais appartient à tout individu capable de la mettre en œuvre. Endormie par l'emprise, elle peut être réveillée et permettre non seulement de se retrouver mais encore de développer des potentiels jusque-là ignorés.

Modifier ses questionnements

Apprendre à reformuler les questions que nous nous posons sans cesse permet d'accéder à une autre compréhension et à une autre réalité qui nous appartient en propre. Ainsi les interrogations comme : «Qu'est-ce que j'ai raté ?», «Est-ce que je fais bien ?», «Comment faire plaisir ?», «Qu'est-ce que je peux faire pour l'*autre* ?», «Suis-je coupable ?» deviennent «Est-ce que cela me convient ?», «Ai-je les capacités pour réussir ?», «Qu'est-ce que cela m'apporte ?», «En quoi est-ce de ma responsabilité ?», «Ai-je envie de le faire ?», «Pour qui/pour quoi vais-je agir ?». Ainsi, nous nous ouvrons à la liberté de penser et de modifier nos pensées.

---

1. Ce terme introduit par Henri Bergson est également nommé «capacité singulière de survie» par la psychologue Ariane Calvo.

L'après

Sortir de l'isolement

En quittant l'emprisonneur, la victime redoute la solitude, se pensant incapable de vivre sans être accompagnée. Pourtant, aller vers l'inconnu lui est difficile, voire impossible. Elle se sent en danger ou encore «trop nulle» et n'ose pas se confronter et confronter son image à l'extérieur. Cette anxiété la maintient isolée et freine sa reconstruction et sa thérapie. Principalement, elle empêche de (re) trouver confiance en soi. Ainsi, la peur d'être seule s'accompagne toujours de la peur de se retrouver dans une interaction sociale ou affective possiblement dangereuse.

La confiance en soi permet de ne plus donner tout pouvoir à l'autre, de ne plus accorder aveuglément un blanc-seing à tout ce qui peut être dit ou fait par un tiers – ce qui maintient dans un sentiment d'inconfort, d'incertitude et d'incompétence. De plus, nous constatons que nous ne sommes pas seuls lorsque nous sommes avec nous-mêmes puisque, justement, nous sommes avec nous-mêmes. Chacun de nous est seul, seul avec ou face à lui, avec son «moi».

C'est ce « moi » qu'il faut apprendre à aimer, à protéger et à mettre en sécurité, comme un parent bienveillant le fait naturellement avec son enfant. Sortir de l'emprise et de l'infantilisation, grandir et acquérir la capacité adulte d'être plus autonome et responsable permet d'aller à la rencontre de soi-même, de prendre soin de soi, d'apprendre à consoler ses peines ou ses craintes, à valoriser ses compétences, à accepter et à accueillir ses émotions.

Andrée se félicite d'avoir échappé à l'emprise de son mari : « Finalement, je crois que c'est une chance. Parce que je m'en suis sortie et je me suis battue. J'ai souffert. J'ai beaucoup douté. J'ai pensé que jamais je n'y arriverais. Que le bonheur m'était interdit. Je crois que je ne le voulais pas ou le repoussais. J'ai appris à accepter le bonheur, la vie simple. Je sais que ça le rend dingue. Je ne le fais pas contre lui. Je vis pour moi. Je m'autorise ce qu'il m'interdisait, et chaque fois je me dis : quelle chance tu as de pouvoir le faire ! Je fais enfin, pleinement, ce que je veux. Je ne vais pas lui dire merci. Mais j'ai de la chance, j'ai fini par me croire. »

Pour y arriver, il est souvent proposé de se reconnecter à son « enfant intérieur ». Ainsi que le parent le fait en nourrissant les besoins essentiels de son enfant, l'adulte qui reconstruit sa confiance en lui cherche à satisfaire ses besoins d'affection, de valorisation, de reconnaissance, de protection et de sécurité. En devenant capable de nommer et comprendre ses propres besoins et en cherchant à les contenter, il s'intéresse à lui, comme le parent à son enfant. Il entame un travail de restauration, celui de son « je », souvent ignoré ou tu au profit de l'emprisonneur. L'attachement dysfonctionnel lorsqu'il était enfant devient possible, rassurant, et permet une individuation. C'est un attachement de soi à soi.

Avoir confiance en soi donne la possibilité de déterminer à qui, dans quelles conditions et avec quelles limites nous accordons notre confiance. Or, plus nous avons confiance en nous et mieux nous pouvons déplacer nos curseurs permettant de faire également confiance à un tiers sans lui attribuer les pleins pouvoirs. Nous pouvons déterminer l'environnement qui nous correspond (environnement humain, géographique, professionnel, social, amical… et familial). La confiance en soi amène à ressentir et comprendre la distinction entre le désaccord et le conflit, la prise de parole et l'autorité imposée, l'écoute volontaire et le silence exigé, le choix de ne pas parler et le mutisme soumis, la bienveillance et la flatterie mal intentionnée, la maladresse et le reproche ou l'insulte. Elle fixe des limites qui sont des protections que nous nous offrons.

Mais comment déterminer et fixer ces limites ? Le terme de « limite » rappelle l'interdit, la contrainte ou le contrôle ; aussi est-il préférable de définir ce qui est acceptable ou non. Ce qui est acceptable pour notre meilleur ami, notre conjoint, notre parent, un collègue de travail ne l'est pas forcément pour nous. Parce que cela réveille une blessure encore trop fraîche, parce que cela ne correspond pas à nos valeurs, parce que cela provoque une émotion trop forte ou un sentiment d'insécurité, parce que cela tient à l'écart ou met en danger, ce que nous pouvons accepter n'est pas uniquement lié à la loi ou à une morale sociale, mais à notre histoire individuelle. La question à se poser est alors : « Est-ce que je réagis ainsi en fonction de moi ou en fonction de ce que je crois que l'on attend de moi ?

À qui suis-je en train d'attribuer la capacité de déterminer la valeur de mes actes et l'importance que je leur donne ? À mes yeux, qui est prioritaire : l'autre ou moi ? »

Certains, après l'emprise, souhaitent ou pensent être devenus « invincibles ». En ayant compris le schéma toxique et la soumission dans laquelle ils se trouvaient, ils se croient à l'abri ou pouvoir se protéger de tout, ce qui revient à ignorer ses émotions. Sortir de l'emprise ne signifie pas devenir inhumain(e), robotisé(e), sans sentiment. Être de nouveau confronté(e) à une situation douloureuse participe d'un chemin de vie, et ce n'est ni une question de malchance ni de faiblesse. En revanche, il est maintenant possible d'accepter les émotions nées de ces moments douloureux, stressants ou dysfonctionnels ; et il est également possible d'y apporter une réponse, puisque la croyance d'être dépendant n'est plus et a cédé la place à celle d'être capable de décider, de mettre un terme à une situation, de demander de l'aide.

La conscience de soi

La conscience de soi permet d'être pleinement présent à ce que l'on fait et à ce que l'on est, où et avec qui que nous soyons. La violence psychologique et l'emprise conduisent à l'empêchement ou l'interdiction de la conscience de soi (de son corps, de ses émotions), de ses besoins, de ses ressources et de ses compétences. Or, sans conscience de soi, il ne peut y avoir ni affirmation, ni réelle confiance, ni amour de soi. Autrement dit, il ne peut y avoir ni liberté de faire, ni de penser, ni d'avoir… tout ce qui compose la liberté d'*être*. C'est également la conscience de soi qui permet d'établir des directions, des objectifs en fonction de qui est la personne, de ses goûts, de ses aspirations et de ses compétences, et non en fonction de ce qu'un ou une autre lui imposait jusque-là.

La thérapie permet de réhabiliter ou de construire pleinement cette conscience d'être, sans tendre anxieusement à la perfection, sans se déprécier ou se mal juger. Il ne s'agit pas de se normaliser selon un idéal social fantasmé, mais de déterminer tant ce qui nous convient le mieux que l'environnement le plus propice pour pouvoir le vivre, sans refuser les conseils extérieurs mais en acceptant ses propres envies, ses désirs et principalement ses décisions. Chaque nouvelle expérience balise un parcours qui désormais appartient à celui ou celle qui le vit. Il n'y a pas d'échec ou de faute, il y a des apprentissages et des réussites.

Quelques méthodes pour travailler la conscience de soi

- Le sport amène à se dépasser sans chercher à se surpasser. Il permet d'appréhender ses possibilités et ses limites corporelles sans chercher à se faire mal, à se punir. Il conduit à visualiser son propre espace et son environnement défini comme sécurisant.
- L'apprentissage de la prise de parole ou de posture en public, par le théâtre, la danse, le chant, permet d'apprivoiser sa voix et sa gestuelle, et de s'observer lors d'une interaction avec un groupe.
- L'écriture est souvent soignante car elle aide à poser des mots et à donner un sens à une histoire vécue. Elle permet aussi de reconstituer une histoire, la sienne, et de la relire autrement.

• Se confronter à son image par la photographie. Parce que se voir, s'observer, est souvent douloureux, cet exercice par l'image permet de porter sur soi un nouveau regard, de se voir autrement, de se découvrir et – souvent – d'apprendre à s'apprécier.

En outre, la conscience de soi permet de refuser l'injonction au bonheur omniprésente. Si les conseils sous forme de manuels, de listes «pour aller bien»... ont leur utilité, ils induisent aussi une nouvelle infantilisation et l'obligation d'y croire sans discernement et sans limite, ou de s'imaginer incompétent(e) lorsque ce bonheur vendu sous forme de quelques publications sur les réseaux sociaux n'est pas au rendez-vous. Être en colère, se sentir agressé(e) ou en danger n'implique pas une psyché fragile ou soumise, mais peut résulter d'une situation d'injustice ou de violence. Se refuser à l'exprimer au nom de l'idéologie du bonheur inflige une nouvelle contrainte et fait naître de nouvelles frustrations.

L'idée même du bonheur devient tyrannique lorsqu'elle mène à sa quête addictive, obsessionnelle, refusant toute pensée ou émotion négative. La conscience et l'estime de soi donnent également la possibilité de supporter les aléas de la vie sans les ignorer ; imaginer que toute douleur peut être écartée est un leurre dangereux, car nous ne pouvons tout contrôler, nous ne pouvons qu'agir sur ce qui est en notre pouvoir et la conscience de soi permet de définir ce pouvoir sans le surestimer ni le déprécier. Elle amène à chercher puis donner un sens à ce que nous entreprenons, nous aimons, ou nous refusons. Ce *sens* qui devient notre essence, qui nous permet de dire qui nous sommes vraiment, en prenant corps dans la réalité et en nous permettant d'agir face à une situation donnée. Ainsi, nous sommes enfin nous-mêmes.

Refaire sa vie

Les victimes de violences psychologiques, en mettant un terme à la relation destructrice, doivent construire ou reconstruire une identité. La conscience de soi leur permet de ne plus jouer ou accepter le rôle qu'on leur a attribué sans qu'elles puissent s'y opposer ou y mettre des limites. Elles demandent à être respectées. Elles acquièrent une posture d'adulte, elles se sentent responsables de leurs choix, leurs réussites et leurs échecs. Elles revendiquent ce qu'elles font et constatent ce qu'elles ont fait en se trompant, en acceptant que tout le monde puisse se tromper, en mettant en œuvre ce qu'il faut pour corriger une erreur sans que ce soit sous la contrainte, mais bien au contraire avec la satisfaction de se dire : «Je l'ai fait. C'est moi et non un autre qui ai fait ça.»

Rompre avec la croyance magique attribuant à une personne le pouvoir quasi surnaturel de protéger ou sauver l'autre développe encore la conscience de soi et fait observer quelles postures psychiques nous adoptons. Il est utile de s'interroger : «Dans telle ou telle relation, suis-je à la place qui me convient ? Puis-je être adulte face à un adulte, enfant avec mon parent, parent de mes enfants ? En ai-je besoin ? En ai-je envie ? Si ce n'est le cas, qui m'empêche d'être à cette place ? Est-ce mon interlocuteur ou moi-même ?»

Sans ces changements de paradigme, le triangle dramatique[1] peut se poursuivre inconsciemment et se répéter tout au long d'une vie, même si le rôle tenu dans ce «jeu» évolue. Dans le triangle dramatique se confrontent trois personnalités : le sauveteur, le persécuteur et la victime. Ces trois rôles peuvent être investis par une seule et même personne. Cette personne peut également évoluer entre deux postures, alors que son interlocuteur en adopte une ou plusieurs autres. Prendre conscience du ou des rôles symboliques le plus souvent investis permet de s'en détacher et de rompre avec un processus destructeur.

La victime attire le sauveteur comme le persécuteur. L'un et l'autre se présenteront comme des sauveteurs. Mais les intentions du persécuteur sont de libérer ses tensions et ses pulsions agressives, destructrices, là où le sauveteur est gratifié ou recherche cette gratification. Le sauveteur comme le persécuteur infantilisent la victime, l'un pour protéger, l'autre pour dominer. La victime se positionne toujours comme inférieure. Elle peut en être convaincue. Elle peut également jouer ce rôle afin d'attirer à elle un sauveteur. Celui-ci s'investit complètement. Il soigne, écoute, entend, protège, agit à la place de la victime. En agissant ainsi, il l'empêche d'évoluer. Ou encore et bien pire, il se retrouve sans en prendre conscience à la place de la victime, qui devient persécutrice et lui reproche tout ce qui a été dit, agi, réalisé pour elle.

---

1. La notion de triangle dramatique proposée par Stephen Karpman est un «jeu» psychologique issu de l'analyse transactionnelle.

Le persécuteur attire un sauveteur en faisant appel à sa pitié et en inspirant confiance. Il livre le scénario dramatique qu'il aurait vécu plus jeune et le sauveteur se sent obligé d'aider, se persuade de pouvoir tenir bon car il pense actionner un changement, pouvoir rendre heureux, pouvoir aimer et être aimé. Il devient victime.

Quand il est question de refaire sa vie, il importe également de parler du nouveau compagnon, de la nouvelle compagne de ces victimes de violences psychologiques. Dupées, abîmées, les victimes ont souvent du mal à croire qu'elles vont pouvoir « refaire leur vie ». L'expression est assez maladroite : on ne refait pas sa vie, on la poursuit autrement, seul(e) ou dans une nouvelle relation. Quoi qu'il en soit, les victimes se refusent souvent à imaginer pouvoir rencontrer une personne avec laquelle elles vont construire et être heureuses. Il demeure une angoisse inconsciente : celle de se retrouver de nouveau face à une personnalité toxique et ne pouvoir y résister, celle d'être de nouveau victime. Elles préfèrent rester dans un isolement amoureux faussement protecteur. Alors qu'elles arrivent à recréer des liens amicaux, elles refusent de laisser entrer qui que ce soit dans leur vie sur le plan amoureux, projetant avant même qu'une relation ne commence l'image de leur ancien compagnon ou de leur parent sur le nouveau ou la nouvelle venue.

La peur d'être de nouveau maltraité(e), l'angoisse de souffrir une fois de plus conditionnent le raisonnement et le comportement des victimes. Elles créent des parallèles entre leur nouvelle relation et ce qu'elles ont connu et recherchent des similitudes, s'interdisant ainsi l'accès au bien-être. Elles le font tant pour elles que pour leurs proches. Elles ne peuvent s'empêcher d'observer en permanence chaque nouvelle personne rencontrée. Et si un geste, un regard, un mot du «nouveau» leur rappellent leur histoire passée, elles vont les assimiler sans discernement. Les victimes sont inconsciemment à l'affût de «ce qui cloche». La douleur étant facilement réveillée, elles mettent du temps à installer la distance nécessaire entre leur passé destructeur et leur nouvelle vie. Le moindre faux pas du nouveau compagnon ou de la nouvelle compagne sera sans appel. Jugé(e) et condamné(e) dans la minute, il ou elle ne sera plus lui-même ou elle-même aux yeux de la victime mais le reflet ou la projection de l'«autre».

Ce qui serait pour beaucoup un petit nuage vite écarté devient une tempête pour les victimes de violences psychologiques. Quant au nouveau compagnon, il doit se préparer à ne pas vivre à deux, mais à trois. Le troisième «malvenu» est un fantôme certes, mais un fantôme bien présent. Caché sous le lit ou dans la penderie de la chambre, assis à table, enfoui dans la valise le temps d'un week-end, faisant irruption à Noël ou pour les anniversaires, il reste toujours là. C'est le clown cruel de ces jeux pour enfants, cette boîte qui en s'ouvrant laisse surgir une tête au sourire narquois et montée sur ressort.

En rencontrant une ancienne victime, nous rencontrons une personne, pas une histoire de violences. Son histoire n'est pas visible. Je dis souvent aux personnes que je reçois en consultation : «Si un chauffard avait percuté votre voiture et que vous ayez dû passer des mois hospitalisé(e) puis en rééducation, vous seriez victime d'un accident de la circulation bien visible. Votre emprisonneur a été en quelque sorte un chauffard dans votre vie : l'immobilisation puis la rééducation (psychothérapeutique) sont invisibles pour vos proches et souvent pour vous-même, mais vous êtes victime d'un accident de circulation… de la vie. »

Le nouveau compagnon va cependant devoir vivre avec cette histoire, c'est-à-dire avec un passé douloureux et encore très présent. Il doit mettre des limites pour ne pas se laisser envahir. Il revient également aux victimes d'accepter comme une nécessité de regarder l'avenir en laissant le passé au passé. Quand une ancienne victime dit ne pas arriver à faire confiance à l'autre, c'est implicitement qu'elle n'a pas confiance en elle mais, pour ne pas risquer de se retrouver de nouveau dépendante, elle tient tout autre à l'écart. Mais si elle n'en tient pas compte, elle risque malgré elle de devenir persécutrice, car son manque de confiance en elle se traduira par de la défiance et de l'agressivité. Et lorsque deux « accidentés de la circulation de la vie » se rencontrent, ils croient sincèrement pouvoir se réparer ensemble car ils se comprennent ; leurs souffrances propres se parlent en écho ou en miroir, mais leurs anciennes blessures encore présentes peuvent vite être réveillées. Ils attendent l'un de l'autre ce qu'ils ne peuvent se donner, c'est-à-dire, au-delà de la bienveillance, de la compréhension et de l'écoute, une capacité de réparation objective et sécurisante. La réparation individuelle ne se fait pas grâce à une relation mais au-delà de cette relation, afin de la rendre viable, sereine et équilibrée. Ce qui ne veut pas dire que ces histoires sont vouées à l'échec.

Le pardon

Pour pardonner, il faut s'entendre sur l'existence ou la nature de la faute avec la personne avec laquelle nous nous sentons en conflit. Il faut savoir qui est coupable, de quel tort et envers qui. Et chacun peut avoir sa part de responsabilité à assumer. Il faut pouvoir surpasser ses émotions sans les ignorer. Ainsi, conscientiser une faute ou une erreur et l'émotion qui en découle permet un échange plus harmonieux, plus adulte et laisse la place au pardon. En revanche, le pardon devient piège lorsqu'il interdit la réflexion objective, lorsqu'il nie la réalité, lorsqu'il empêche de dire et de comprendre la souffrance vécue. Pour «bien» pardonner, encore faut-il que chacun ait peu ou prou la même vision d'un fait ou d'une situation[1]. Comment pardonner à celui ou celle qui refuse de se reconnaître un tort, aussi mince soit-il? Le pardon va au-delà du don, c'est le don parfait. Pourquoi donner à celui qui ne demande rien et ne peut rien recevoir? Avant toute chose, la victime doit se poser une question : si elle cherche à pardonner à son agresseur, le fait-elle délibérément ou pour ne pas souffrir d'une autre culpabilité, celle de, précisément, ne pas avoir pardonné? Une croyance archaïque véhicule que lorsque l'on aime on pardonne… Alors, serait-elle comme l'agresseur le disait? Incapable d'aimer et menteuse, tricheuse, en parlant d'amour? Pour éviter la perfidie de cette nouvelle culpabilité, la victime doit en être totalement

---

1. «Pour pardonner, il faut s'entendre des deux côtés sur la nature de la faute, savoir qui est coupable de quel mal envers qui.» Jacques Derrida, «Le siècle et le pardon», *Le Monde des débats*, 1999.

détachée et pouvoir pleinement décider si oui ou non elle veut pardonner à celui ou celle qui l'a tant fait souffrir.

Lorsqu'il est question de pardon en thérapie, il faut bien comprendre à qui ce pardon s'adresse et pourquoi cette question se pose. Pardonner à l'autre le mal qui a été fait appartient à chaque victime. Certaines le peuvent, le souhaitent, d'autres non. Avant tout, la première personne à pardonner, ce n'est pas l'autre, c'est soi-même – étape ultime pour chasser définitivement la culpabilité. Au-delà de la compréhension de celle-ci et de ses causes, au-delà de l'acceptation de la souffrance et du traumatisme, au-delà du deuil, se pardonner achève la reconstruction, fortifie la confiance en soi, l'amour de soi. Se pardonner contribue à accroître sa responsabilisation. Admettre que l'on peut se tromper, que l'on peut commettre des erreurs ou des fautes permet de renforcer sa conviction de pouvoir les réparer, de se corriger si nécessaire. Mais c'est aussi accepter ses réussites, ses succès. C'est se reconnaître entier(ière), adulte et vivant(e). Se pardonner, c'est admettre qu'il y a eu une souffrance et un traumatisme inhumains. Pour la victime, c'est intégrer pleinement ce traumatisme dans sa construction, dans son parcours de vie. C'est également, toujours pour la victime, se donner le droit de porter un regard détaché, objectif, sur les faits. A-t-elle objectivement une part de responsabilité ? Pouvait-elle faire autrement ? Peut-elle aujourd'hui modifier non pas ce qui a été, mais ce qui sera ?

Si la question du pardon entre anciens conjoints est difficile à résoudre, celle du pardon d'un enfant pour son ou ses parents est encore plus complexe. Surtout, elle touche pleinement à l'intime, à l'indicible. À ce qui va bien au-delà de la compréhension, de la verbalisation et de l'intellectualisation des faits. Un enfant, quelle que soit la maltraitance connue, en reste marqué et porte une blessure quasi primale : il a souffert d'exister, d'être, pour une raison qui lui échappe encore, celui ou celle qui devait souffrir pour atténuer, au moins en apparence, les troubles et les traumatismes de son parent. Et c'est sans doute parce qu'il a souffert d'exister, souffert de ne pas recevoir, de ne pas être aimé, d'être l'enfant qu'on frappe, qu'on humilie, dont on abuse ; parce qu'il a idéalisé ce qu'il imaginait être un parent normal, un parent qui aime son enfant ; parce qu'il devient parent à son tour ; parce qu'enfin et avant tout cet enfant doit légitimer son existence, doit se reconnaître le droit de vivre, le droit d'être une personne à part entière, le droit d'être différent de son parent, qu'il peut pardonner. Il n'y a pas d'obligation au pardon ; il existe la possibilité de le faire.

Chaque histoire est différente. Chaque maltraitance reste unique. Au-delà de la violence, il y a tout ce qui fait un individu. L'un pardonne et l'autre non. Chacun répond à sa propre démarche. C'est la seule certitude en matière de pardon.

Vanessa, après des années de questionnements, ne s'interroge plus sur le pardon. «Ma mère est comme ça. C'est triste pour elle. J'ai appris beaucoup à ses côtés. J'ai appris à ne pas être elle, à ne pas l'avoir en modèle. C'est ma mère, pas une sainte, pas une princesse. Elle est faillible et elle a failli avec moi. Est-ce qu'elle m'aime ? Je n'en sais rien. J'ai cru que oui et j'ai cru que non. Maintenant, je m'en moque. Je crois en ce que je fais, en ce que j'ai appris, en ce que j'ai dû faire pour m'en sortir. Je me mets devant la glace, je me regarde et je me dis : tu vaux le coup. Laisse-la comme elle est. Le reste, c'est mon passé, mon histoire. Ça fait mal. On aimerait tous être enfant de roi. Je suis enfant de tout et de rien, un peu de la rue, un peu du rire de la nounou qui m'aimait, un peu de ma mère qui voulait une copine, un peu de mon père qui n'aime que les jouets. Je suis moi, c'est déjà beaucoup. Ce que je ressens pour eux, je ne sais pas si ça s'appelle le pardon, c'est déjà ne plus se torturer à essayer de comprendre. Ça s'appelle vivre, je crois. »

Le pardon est personnel. Il s'inscrit positivement lorsqu'il est désiré. Personne n'a raison ou tort. Personne ne fait bien ou mal en pardonnant. Personne n'est tenu de dire s'il a pardonné, s'il le fera un jour. Personne, jamais, ne devrait subir de contraintes et de violences psychologiques. Or contraindre au pardon est la contrainte ultime, la dernière, la pire. Celle où l'être, la victime, est définitivement nié.

Conclusion

La violence psychologique n'est pas un mythe ou une affabulation. Elle est invisible, indicible, souvent inqualifiable, mais elle existe et peut tuer. Elle dupe et détruit des relations, des comportements, des compréhensions. Elle se sert de l'amour et de l'attachement mais en fausse le sens, les faisant reposer sur des actes, des menaces et du chantage. Le sentiment et l'émotion sont conditionnés, contrôlés. Cette violence s'installe en utilisant une fragilité et perdure en instillant le doute et la crainte permanents. Elle utilise l'humain pour le réduire à l'état d'objet, manipulé puis jeté s'il n'a plus d'intérêt. Elle est *violence* car incompréhensible, déraisonnable et irrationnelle, dématérialisée et intangible, exempte de sentiments et de notion d'altérité. Elle va bien au-delà de ce que l'on nomme communément «toxique»; elle ne se contente pas de troubler et d'empoisonner, elle empêche de naître, interdit de grandir ou tue.

Un individu n'est pas «un peu» violent; il est violent. Une personne n'est pas «un peu» victime; elle est victime. Il n'existe ni nuance ni degré, que ce soit dans la violence ou la souffrance.

La reconstruction est longue et rend à la fois exigeant(e) et impatient(e). Elle exige du courage, de la force, de la motivation, et l'envie de se connaître, de s'apprendre et de se dépasser, tout autant que l'envie de s'émerveiller, de ressentir et de construire. Elle demande également d'apprendre le temps, d'apprendre le quotidien, d'apprendre à profiter de ce qui est le plus évident et le plus anodin. Elle nécessite des encouragements et de la compassion. Elle se nourrit de chaque progrès, aussi infime soit-il. Elle n'est pas linéaire et les moments de fatigue, de peur ou de découragement sont inévitables. Elle est égoïste et pudique : elle refuse de se montrer, elle ne laisse pas deviner facilement les progrès réalisés. Mais elle est réelle et ambitieuse. Elle permet à chaque victime de découvrir et d'aimer un inconnu : elle-même. Une personne qu'elle ignorait ou avait oubliée. Elle fait naître de nouvelles forces ancrées sur de vraies valeurs, de vrais projets, de vraies limites personnelles.

Il ressort de chaque parcours de vie des manquements relationnels et éducatifs tant familiaux que sociaux. Lorsque nous n'avons pas eu ou ne pouvons avoir de repères, lorsque l'usage et le sens d'un mot sont ignorés, détournés ou galvaudés au profit d'un individu ou d'un groupe dominateur et manipulateur, lorsque la conscience de l'autre s'éteint au profit d'un accroissement de pouvoirs ou de richesses, lorsqu'une règle est systématiquement et abusivement détournée ou piétinée, lorsqu'enfin l'humain n'a d'intérêt qu'en tant qu'outil de production ou de puissance, nous sommes déjà confrontés à de la violence dont il nous appartient de nous défaire ou de nous protéger. En rétablissant des modèles éducatifs, sociaux et humains plus respectueux de chacun et de tous, et plus propres à construire une réflexion humaine et sociale, en créant plus d'échange et de collaboration entre les divers professionnels sensibilisés à ces questions, nous pourrons réduire cette violence et conserver l'espoir de l'éradiquer. En redonnant un sens aux mots et au langage, nous leur redonnons une réalité ; aussi, en trouvant et en donnant un sens à notre vie, nous nous la réapproprions.

Les personnes qui ont été victimes regardent leurs cicatrices avec respect. Ce sont les empreintes d'une guerre sans pitié dont elles se sont sorties, d'une prise d'otage à laquelle elles ont échappé. Elles ont appris à aimer cette personne broyée qu'elles ont dû protéger, consoler, faire grandir, autoriser à être : elles-mêmes. Elles apprécient à leur juste valeur chacune de leur réussite. Elles manifestent une fierté légitime en voyant leurs projets se réaliser. Elles s'étonnent de ce qu'elles peuvent enfin faire, des doutes qu'elles surmontent, des peurs qui ne les retiennent plus et deviennent des défis à relever.

Parmi ces victimes, certaines se surprennent à dire «merci». Un «merci» qui est adressé au bourreau, mais qu'il n'entendra jamais. Car, dernier des paradoxes de la violence psychologique, en échouant à détruire la victime, elle lui a permis de devenir une personne à part entière. Un être *remarquable*.

Ces personnes remarquables forcent l'admiration, elles ont toute la mienne. Ce livre leur est dédié, avec tout le respect que je leur dois.

Remerciements

À mon éditrice, Élodie Dusseaux, pour sa confiance et pour m'avoir permis de donner vie à ce qui était une envie et un projet. À Alice Breuil, pour sa patience, sa lecture, son regard éclairé et éclairant, ses remarques toujours pertinentes. À Muriel, mon amie toujours présente, toujours prête à lire, à interroger, à pousser plus loin la réflexion sans jamais oublier de rire. Et aux trois accentués qui supportent mes doutes, partagent mon quotidien et y mettent ce grain de rêve et de folie dont nous avons tous besoin.

Bibliographie

ADDA Arielle, *Le Livre de l'enfant doué*, Solar, 2008.

ADLER Alfred, *L'Éducation des enfants*, Payot, 2000.

ANAUT Marie, *La Résilience : surmonter les traumatismes*, Nathan, 2006.

BARBIER Dominique, *La Fabrique de l'homme pervers*, Odile Jacob, 2017.

BAZIN Hervé, *Vipère au poing*, Grasset, 1996.

BUFFET Anne-Laure, *Les Mères qui blessent*, Eyrolles, 2018.

CALVO Ariane, *Trouver son élan vital*, First, 2018.

CLOUTIER Richard, «Le syndrome d'aliénation parentale en contexte de conflit sur la garde de l'enfant», *Psychologie Québec*, 2006, vol. 23, n° 2, p. 28-31.

CYRULNIK Boris,

Sauve-toi, la vie t'appelle, Odile Jacob, 2012.

Les Vilains Petits Canards, Odile Jacob, 2004.

DERRIDA Jacques, *Foi et savoir,* suivi de *Le Siècle et le pardon*, Le Seuil, 2001.

EIGUER Alberto, *Le Pervers narcissique et son complice*, Dunod, 1989.

FERENCZI Sándor,

L'Enfant dans l'adulte, Payot, 2018.

Confusion de langue entre les adultes et l'enfant, Payot, 2004.

FORWARD Susan, *Parents toxiques*, Poche Marabout, 2013.

FRANKL E. Viktor, *Découvrir un sens à sa vie avec la logothérapie*, J'ai lu, 2013.

FREUD Sigmund, *Malaise dans la civilisation*, Le Seuil, 2010.

GREGORY Julie, *Ma mère, mon bourreau*, ArchiPoche, 2011.

HAHUSSEAU Stéphanie, *Comment ne plus subir*, Odile Jacob, 2018.

HIRIGOYEN Marie-France, *Le Harcèlement moral : la violence perverse au quotidien*, La Découverte, 2003.

LABORDE Françoise et CRÉOFF Michèle, *Le Massacre des innocents : les oubliés de la République*, KDP/Amazon, 2018.

LACAN Jacques,

Séminaire XXIII, «Le sinthome», Le Seuil, 2005.

Séminaire VII, «L'éthique de la psychanalyse», Le Seuil, 1986.

MASLOW Abraham, *Devenir le meilleur de soi-même*, Eyrolles, 2013.

MEGGLÉ Virginie,

Le Bonheur d'être responsable : vivre sans culpabiliser, Odile Jacob, 2014.

Aimer ses parents même quand on en a souffert, Solar, 2015.

MEYER Michel, *La Rhétorique*, PUF, 2011.

MILLER Alice, *C'est pour ton bien*, Aubier, 1998.

PLEUX Didier, *De l'enfant roi à l'enfant tyran*, Odile Jacob, 2006.

Racamier Paul-Claude,

L'Inceste et l'incestuel, Dunod, 2010.

Les Perversions narcissiques, Payot, 2012.

Revol Olivier, *J'ai un ado mais je me soigne*, J'ai lu, 2013.

Searles Harold, *L'Effort pour rendre l'autre fou*, Gallimard, 1977.

Séméria Eudes, *Le Harcèlement fusionnel*, Albin Michel, 2018.

Siaud-Facchin Jeanne, *Trop intelligent pour être heureux ?*, Odile Jacob, 2008.

Tisseron Serge, *Les Secrets de famille*, PUF, 2017.

Tisson Brigitte, *Enfants, adolescents maltraités-maltraitants*, Chronique sociale, 2011.

Tomasella Saverio, *L'Emprise affective*, Eyrolles, 2016.

Vaillant Maryse, *Pardonner à ses parents*, Pocket, 2004.

Van der Kolk Bessel, *Le corps n'oublie rien*, Albin Michel, 2018.

Winnicott D. W.,

La Mère suffisamment bonne, Payot, 2006.

Agressivité, culpabilité et réparation, Payot, 2004.

Wolin Steven J. et Wolin Sybil, *The Resilient Self: How Survivors of Troubled Families Rise Above Adversity*, Random House, 1993.

Yalom Irvin, *Thérapie existentielle*, Le Livre de poche, 2017.

Merci d'avoir choisi ce livre Eyrolles. Nous espérons que votre lecture vous a plu et éclairé(e).

Nous serions ravis de rester en contact avec vous et de pouvoir vous proposer d'autres idées de livres à découvrir, des événements avec nos auteurs, des jeux-concours ou des lectures en avant-première.

Intéressé(e) ? Inscrivez-vous à notre lettre d'information.

Pour cela, rendez-vous à l'adresse go.eyrolles.com/newsletter ou flashez ce QR code (votre adresse électronique sera à l'usage unique des éditions Eyrolles pour vous envoyer les informations demandées) :

Vous êtes présent(e) sur les réseaux sociaux ? Rejoignez-nous pour suivre d'encore plus près nos actualités :

 **Eyrolles Bien-être**

Merci pour votre confiance.
L'équipe Eyrolles

P.S. : chaque mois, 5 lecteurs sont tirés au sort parmi les nouveaux inscrits à notre lettre d'information et gagnent chacun 3 livres à choisir dans le catalogue des éditions Eyrolles. Pour participer au tirage du mois en cours, il vous suffit de vous inscrire dès maintenant sur go.eyrolles.com/newsletter (règlement du jeu disponible sur le site).

Composé par Facompo, Rouen

Dépôt légal : avril 2019
Imprimé en Allemagne par BoD